Helmut Fischer • Schöpfung und Urknall

Helmut Fischer

Schöpfung und Urknall

Klärendes für das Gespräch
zwischen Glaube und Naturwissenschaft

Die Deutsche Bibliothek – Bibliografische Einheitsaufnahme

Die Deutsche Bibliothek verzeichnet diese Publikation in der Deutschen Nationalbibliografie; detaillierte bibliografische Daten sind im Internet über http://dnb.ddb.de abrufbar.

Umschlaggestaltung
Simone Ackermann, Zürich, unter Verwendung von
Joseph Mallord William Turner: Light and Colour (Goethe's Theory) – the Morning after the Deluge - Moses Writing the Book of Genesis (1843), Öl auf Leinwand, 78,7 x 78,7 cm, London, Tate Gallery, Turner Collection

Bibelzitate nach: Zürcher Bibel 2007
Illustrationen: Mario Moths, Marl

Druck
ROSCH-BUCH GmbH, Scheßlitz

ISBN 978-3-290-17513-9
© 2009 Theologischer Verlag Zürich

Für Alexander
auch über die Konfirmation hinaus

Inhaltsverzeichnis

Hinführung

Der Horizont des Themas

Buchtitel streben nicht letzte Genauigkeit an, sie sollen vielmehr Neugier und Aufmerksamkeit erregen. Der Titel «Schöpfung und Urknall» kündigt an, dass hier die Frage verhandelt werden soll, wie sich das religiöse Bekenntnis zu einer von Gott geschaffenen Welt mit der Aussage der Naturwissenschaft verträgt, das Universum sei in einem Urknall (Big Bang) entstanden und habe sich im Laufe von Jahrmilliarden aus seinen Anfangsbedingungen nach ihm innewohnenden Gesetzen entwickelt. In anderer Zuspitzung geht es um die Frage, ob hinter dem Universum ein göttlicher Schöpfer mit einem bestimmten Plan stehe oder ob sich Kosmos, Welt und Leben nach dem Prinzip des Zufalls aus sich selbst entwickelt hätten. Ein fundiertes Gespräch wird in dem Spannungsfeld von Schöpfung und Evolution (im weitesten Sinne) nur zu führen sein, wenn geklärt ist, welche Art von Wahrheit religiöse und naturwissenschaftliche Aussagen für sich beanspruchen können und wie sich diese Wahrheiten zueinander verhalten. Der folgende Text will und kann ausführliche Darstellungen des christlichen Schöpfungsverständnisses und des gegenwärtigen naturwissenschaftlichen Weltverstehens nicht ersetzen. Er möchte aber die Voraussetzungen für ein sinnvolles Gespräch schaffen.

Information überwindet ideologischen Streit

Aufgeklärte Europäer reiben sich die Augen: Im 21. Jahrhundert wird in mehr als der Hälfte der US-Bundesstaaten sogar juristisch darüber gestritten, ob überhaupt und wie man in den Schulen «Entwicklungsgeschichte der Menschen» lehren soll. Hintergrund dieses Streits: Knapp die Hälfte der erwachsenen Amerikaner ist davon überzeugt, dass Gott Himmel und Erde vor 6000 Jahren in der Gestalt erschaffen hat, wie wir sie auch heute kennen. Einige nennen sogar den Vorabend des 23. Oktober 4004 vor Christus als das Schöpfungsdatum.

Für uns Europäer besteht kein Anlass, auf die «ungebildete» Neue Welt hinabzublicken, denn ein Viertel der deutschsprachigen Bevölkerung in Europa lehnt die Vorstellung einer Evolution des Universums, unserer Erde und der Lebewesen ebenfalls ab, wenn auch nicht nur mit religiösen Begründungen.

Der Blick auf die Seite der Wissenschaftsgläubigen eröffnet nichts Erfreulicheres. Als vor einiger Zeit eine Kultusministerin den Vorschlag machte, Evolutionstheorie und Schöpfungsglauben im Biologieunterricht miteinander ins Gespräch zu bringen, erfolgte heftigster Protest. Zeitgenossen, die z. T. noch nicht einmal wissen, dass sich der christliche Schöpfungsglaube vom amerikanischen Kreationismus unterscheidet, sahen die Gefahr heraufziehen, dass unsere Bildung in das Mittelalter zurückgeworfen werden soll.

Fazit: Auf der einen Seite ein erschreckender Mangel an Einsicht in naturwissenschaftliche Erkenntnisse, auf der anderen Seite ein defizitärer religiöser Wissensstand. Extrem einseitige Äußerungen – sei es aus Unwissenheit oder aus ideologischem Vorurteil – verwirren oder verhindern bis heute ein entspanntes, sachliches und fruchtbares Gespräch zwischen Schöpfungsglaube und Naturwissenschaft, an dem die Mehrzahl der Zeitgenossen gleichwohl sehr interessiert ist. Der folgende Text ist nicht bereits der Dialog. Er hat ein bescheideneres Ziel, nämlich, dem Leser die Basisinformationen zu vermitteln, die erforderlich sind, um jenseits aller ideologischen Fronten mit eigenem Urteil am Dialog zwischen Schöpfungsglaube und Naturwissenschaft teilnehmen zu können.

Beschränkung auf Grundsätzliches

Theologische und naturwissenschaftliche Lehrbücher, in denen die Inhalte und Ergebnisse dieser Forschungsfelder dargestellt werden, sind eines. Ein anderes ist es, grundsätzlich in den Blick zu nehmen, was Gegenstand und Hinsicht theologischen und naturwissenschaftlichen Erkennens ist. An guten Lehrbüchern in beiden Bereichen fehlt es nicht. Aber im Gespräch zwischen beiden, fehlt es selbst in der jeweils eigenen Gruppe oft an Bewusstsein dafür, auf welche Facette von Wirklichkeit sich theologische und naturwissenschaftliche Aussagen beziehen und wo die Grenzen ihres Erkennens liegen.

Streit entzündet sich immer wieder an dem Reizwort «Evolution». Die einen sehen in einem evolutionären Weltmodell den Generalangriff auf die Grundfesten christlichen Glaubens; den anderen gilt «Evolution» als das Fundament ihres Weltverständnisses. Menschen haben zu allen Zeiten festgestellt, dass alles Lebendige sich entwickelt. Aber zu einer Art Bekenntnis wurde das Stichwort «Evolution» erst

1859 durch Charles Darwins Buch «Die Entstehung der Arten durch natürliche Zuchtwahl». In dieser Schrift entfaltete der Theologe und Naturforscher das Konzept, wonach die Entwicklung aller Pflanzen- und Tierarten und des Menschen als ein schrittweiser Prozess der Selektion zu verstehen ist, der durch natürliche Kräfte bewirkt wird. Darwin lieferte dafür plausible Gründe, Beweise und Erklärungen. Mit dieser Sicht der Dinge erschütterte Darwin nicht nur das traditionelle Weltbild, wonach alle Lebensformen originäre Schöpfungen Gottes sind. Er erschütterte auch die bisherige Gewissheit, dass alles natürliche Geschehen einer «höheren Zweckmäßigkeit» folge und auf ein «höheres Ziel» ausgerichtet sei. Obwohl bis heute noch keine konsensfähige Evolutionstheorie existiert, sondern nur unterschiedliche Erklärungsmodelle vorliegen, hat sich unter dem Stichwort «Evolution» eine ideologisch verhärtete Alternative zwischen «geschaffen» und «geworden» aufgebaut, die viele Gespräche verwirrt, blockiert und vergiftet. In diese ideologischen Isolierzellen werden nicht nur die anderen eingemauert; man hält sie nicht selten auch für die eigene zu verteidigende Burg.

Der folgende Text mischt sich nicht in die aktuelle Sachdiskussion um die biologischen Evolutionskonzepte ein. Der Begriff «Evolution» hat in den Naturwissenschaften zu Beginn des 20. Jahrhunderts durch Erkenntnisse der Physik eine überraschende Erweiterung erfahren. Bis dahin galt Naturwissenschaftlern das Universum als von Anfang an festgelegt und unveränderlich. 1929 wurde entdeckt, dass sich das Universum ausdehnt und entwickelt. Damit wurde auch für die Physik und für ihre Teildisziplin, die Kosmologie, «Evolution» zu einem Prinzip ihres Weltverständnisses.

12

Die Physik erforscht Eigenschaften und Gesetzmäßigkeiten der Materie. Das macht sie im Bereich der Naturerkenntnis nicht nur zur Basiswissenschaft, sondern auch zur Leitwissenschaft, da es in unserer Welt keinen Bereich gibt, für den die Eigenschaften und Gesetzmäßigkeiten der Materie nicht die Grundlage bildeten. Die Kosmologie fragt nach dem Universum als ganzem. Sie fragt nach der alles umfassenden Realität und in diesem Zusammenhang nach Wesen und Ursprung von Materie, Raum und Zeit.

Physiker stimmen heute darin überein, dass am Beginn des Universums noch nichts von den heute vorhandenen Formen der Materie existierte. In einem sich ausdehnenden und abkühlenden Universum entstanden durch Verdichtung Milliarden von Galaxien und darin wieder Milliarden von Sternen. In den Sternen entstanden die verschiedenen sogenannten chemischen Elemente, deren Möglichkeiten, sich zu verbinden, die Grundlage für jene biochemischen Prozesse bilden, in denen sich Leben entfaltet. Biochemische Prozesse wiederum sind die materielle Basis für das Entstehen von Hirnstrukturen und das, was wir Bewusstsein, Erkennen, Denken und Kultur nennen. An diesem einfachen Modell der Schichtung wird bereits deutlich, dass Hirnforschung, Biologie, Chemie und Physik aufeinander aufbauen und voneinander abhängen. Da der Forschungsbereich der Physik die Basis für alles bildet, was uns als Wirklichkeit gilt, können und werden sich die folgenden grundsätzlichen Klärungen auf die Anfänge des Universums und damit im Bereich der Naturwissenschaft auf die Physik beschränken.

Die konkreten Schritte zur Verständigung

Für ein fruchtbares Gespräch brauchen Gesprächspartner zuverlässige Informationen über das Selbstverständnis des christlichen Schöpfungsglaubens und des naturwissenschaftlichen Weltverständnisses. Diese Informationen sind nicht aus ideologischen Interpretationen der jeweils anderen Seite zu gewinnen. Zuverlässige Informationen holen wir uns aus Quellentexten und von denen, die auf der geistigen Höhe ihrer Zeit das Verständnis von Schöpfung wie von menschlicher Naturerkenntnis authentisch zum Ausdruck bringen.

So werden wir uns zum einen die biblischen Texte zur Schöpfung ansehen. Wir werden das, was diese Texte selbst sagen, sorgsam von dem trennen, was ihnen im Laufe der Jahrhunderte aufgeladen worden ist. Wir werden uns zum anderen auch die entscheidenden Schritte im Prozess der Naturerkenntnis vergegenwärtigen und am Beispiel der Leitwissenschaft Physik klären, wie sich die Naturwissenschaft, die ihre Arbeit reflektiert, heute selbst versteht. Aus diesen Selbstverständnissen wird sich ergeben, wie sich die beiden Sichtweisen zueinander verhalten und wo die sinnvollen Ansätze für ein Gespräch zu finden sind.

Da ein Autor nicht davon ausgehen kann, dass ein Sachbuch in einem Zug gelesen wird, ist der folgende Text so angelegt, dass auch die kleineren Einheiten in sich verständlich sind. Für diese Lesehilfe wurden Wiederholungen bewusst in Kauf genommen.

Was Christen unter «Schöpfung» verstehen

«Schöpfung» – ein schillernder Begriff

Im gegenwärtigen Sprachgebrauch trägt das Wort «Schöpfung» mehr zur Verwirrung als zur Klarheit der Gedanken bei. *Umgangssprachlich* steht «Schöpfung» für Natur, für Umwelt oder für Welt in nicht näher bestimmtem Sinn. Selbst Atheisten sprechen gelegentlich von «Schöpfung», obwohl sie die Vorstellung von einem Schöpfer verwerfen. In gleicher Weise bezeichnet das Wort «Kreatur», das ja Geschöpf bedeutet, ganz allgemein ein Lebewesen, ohne dass dabei die Vorstellung eines Kreators/Schöpfers mitschwingt.

In *fundamentalistischen* und in *evangelikalen Kreisen* ist das Wort «Schöpfung» hingegen genau festgelegt, und zwar mit dem Anspruch, biblischer Wahrheit zu entsprechen. «Schöpfung» heißt hier, dass Gott die Welt vor etwa 6000 Jahren in sechs Tagen so erschaffen hat, wie wir sie heute vorfinden. Ausgeschlossen und vehement abgelehnt wird dabei die Vorstellung, dass sich Gestirne, Pflanzen, Tiere und der Mensch im Laufe von Jahrmillionen erst schrittweise entwickelt haben. Die Verbindlichkeit dieses Schöpfungsverständnisses wird aus dem wörtlichen Verständnis von Gen 1 abgeleitet.

Nach *volkskirchlichem Verständnis* verbindet sich mit dem Wort «Schöpfung» lediglich die Vorstellung, dass ein höchstes Wesen die Welt ins Leben gerufen hat und in geheimnisvoller Weise bis heute in ihr wirkt. Nach der Logik: «Wo es einen Topf gibt, da muss es auch einen Töpfer geben, der ihn gemacht hat», schließt man auch von der Welt und ihren Lebewesen auf einen Weltenschöpfer. Für dieses

Verständnis beruft man sich weniger auf einen biblischen Text als auf den «gesunden Menschenverstand» oder ganz vage auf die christliche Lehre.

Die skizzierten Verständnisse von «Schöpfung» haben freilich mit dem, was Schöpfung als Glaubensaussage meint, nur wenig oder gar nichts zu tun. Davon können wir uns leicht selbst überzeugen, wenn wir uns jene biblischen Texte ansehen, aus denen sich das christliche Schöpfungsverständnis gebildet hat.

Das Schöpfungsverständnis nach Gen 1–2,4a

Der Text und seine Gliederung

- *Der chaotische Urzustand vor Gottes Schöpfungswirken (1,1–2)*
  «(1) Im Anfang schuf Gott Himmel und Erde. (2) Und die Erde war wüst und öde und Finsternis lag auf der Urflut, und der Geist Gottes bewegte sich über dem Wasser.»

- *Erster Schöpfungstag*

  Schöpfungswerk 1:
  Das Licht (trennt Tag und Nacht) (1,3–5)
  «(3) Da sprach Gott: Es werde Licht! Und es wurde Licht. (4) Und Gott sah, dass das Licht gut war. Und Gott schied das Licht von der Finsternis. (5) Und Gott nannte das Licht Tag, und die Finsternis nannte er Nacht. Und es wurde Abend, und es wurde Morgen: ein Tag.»

- *Zweiter Schöpfungstag*

  Schöpfungswerk 2:
  Die Feste (trennt die Wasser darüber und darunter)
  (1,6–8)
  «(6) Und Gott sprach: Es werde eine Feste inmitten des Wassers und sie scheide Wasser von Wasser. (7) Und Gott machte die Feste und schied das Wasser unter der Feste vom Wasser über der Feste. Und so geschah es. (8) Und Gott nannte die Feste Himmel. Und es wurde Abend, und es wurde Morgen: ein zweiter Tag.»

- *Dritter Schöpfungstag*

  Schöpfungswerk 3:
  Trennung Erde – Meer (1,9–10)
  «(9) Und Gott sprach: Es sammle sich das Wasser unter dem Himmel an einen Ort, dass das Trockene sichtbar werde. Und so geschah es. (10) Und Gott nannte das Trockene Erde, und die Ansammlung des Wassers nannte er Meer. Und Gott sah, dass es gut war.»

  Schöpfungswerk 4:
  Pflanzen (1,11–13)
  «(11) Und Gott sprach: Die Erde lasse junges Grün sprossen: Kraut, das Samen trägt, und Fruchtbäume, die Früchte tragen auf der Erde nach ihrer Art, in denen ihr Same ist. Und so geschah es. (12) Und die Erde brachte junges Grün hervor: Kraut, das Samen trägt nach seiner Art, und Bäume, die Früchte tragen, in denen ihr Same ist, je nach ihrer Art. Und Gott sah, dass es gut war. (13) Und es wurde Abend, und es wurde Morgen: ein dritter Tag.»

- *Vierter Schöpfungstag*

  Schöpfungswerk 5:
  Gestirne (1,14–19)
  «(14) Und Gott sprach: Es sollen Lichter werden an der
  Feste des Himmels, um den Tag von der Nacht zu scheiden, und sie sollen Zeichen sein für Festzeiten, für Tage
  und Jahre, (15) und sie sollen Lichter sein an der Feste des
  Himmels, um auf die Erde zu leuchten. Und so geschah es.
  (16) Und Gott machte die zwei großen Lichter, das größere
  Licht zur Herrschaft über den Tag und das kleinere Licht
  zur Herrschaft über die Nacht, und auch die Sterne. (17)
  Und Gott setzte sie an die Feste des Himmels, damit sie auf
  die Erde leuchten, (18) über den Tag und die Nacht herrschen und das Licht von der Finsternis scheiden. Und Gott
  sah, dass es gut war. (19) Und es wurde Abend, und es
  wurde Morgen: ein vierter Tag.»

- *Fünfter Schöpfungstag*

  Schöpfungswerk 6:
  Tiere des Wassers und der Luft (1,20–23)
  «(20) Und Gott sprach: Es wimmle das Wasser von
  lebendigen Wesen, und Vögel sollen fliegen über der Erde
  an der Feste des Himmels. (21) Und Gott schuf die großen
  Seetiere und alle Lebewesen, die sich regen, von denen das
  Wasser wimmelt, nach ihren Arten und alle geflügelten
  Tiere nach ihren Arten. Und Gott sah, dass es gut war.
  (22) Und Gott segnete sie und sprach: Seid fruchtbar und
  mehrt euch und füllt das Wasser im Meer, und die Vögel
  sollen sich mehren auf der Erde. (23) Und es wurde Abend
  und wurde Morgen: ein fünfter Tag.»

- *Sechster Schöpfungstag*

Schöpfungswerk 7:
Tiere des Landes (1,24-25)

«(24) Und Gott sprach: Die Erde bringe Lebewesen hervor nach ihren Arten: Vieh, Kriechtiere und Wildtiere, je nach ihren Arten. Und so geschah es. (25) Und Gott machte die Wildtiere nach ihren Arten, das Vieh nach seinen Arten und alle Kriechtiere auf dem Erdboden, nach ihren Arten. Und Gott sah, dass es gut war.»

Schöpfungswerk 8:
Menschen (1,26–31)

«(26) Und Gott sprach: Lasst uns Menschen machen als unser Bild, uns ähnlich. Und sie sollen herrschen über die Fische des Meers und über die Vögel des Himmels, über das Vieh und über die ganze Erde und über alle Kriechtiere, die sich auf der Erde regen. (27) Und Gott schuf den Menschen als sein Bild, als Bild Gottes schuf er ihn; als Mann und Frau schuf er sie. (28) Und Gott segnete sie, und Gott sprach zu ihnen: Seid fruchtbar und mehrt euch und füllt die Erde und macht sie untertan, und herrscht über die Fische des Meers und über die Vögel des Himmels und über alle Tiere, die sich auf der Erde regen. (29) Und Gott sprach: Seht, ich gebe euch alles Kraut auf der ganzen Erde, das Samen trägt, und alle Bäume, an denen samentragende Früchte sind. Das wird eure Nahrung sein. (30). Und allen Wildtieren und allen Vögeln des Himmels und allen Kriechtieren auf der Erde, allem, was Lebensatem in sich hat, gebe ich alles grüne Kraut zur Nahrung. Und so geschah es. (31) Und Gott sah alles an, was er gemacht hatte, und sieh, es war sehr gut. Und es wurde Abend, und es wurde Morgen: der sechste Tag.»

- *Gott ruht von seinen Werken (Sabbat) (2,1–4a)*

«(2,1) Und so wurden vollendet Himmel und Erde und ihr ganzes Heer. (2) Und Gott vollendete am siebten Tag sein Werk, das er gemacht hatte, und er ruhte am siebten Tag von all seinem Werk, das er gemacht hatte. (3) Und Gott segnete den siebten Tag und heiligte ihn, denn an ihm ruhte Gott von all seinem Werk, das er durch sein Tun geschaffen hatte.

(4) Dies ist die Geschichte der Entstehung von Himmel und Erde, als sie geschaffen wurden.»

Die Botschaften des Textes

Dieser Text ist vor etwa zweieinhalbtausend Jahren in Palästina verfasst worden, und zwar für Menschen jener Zeit. Wollen wir diesen alten Text aus einer uns fremden Kultur angemessen und in seiner Aussageabsicht verstehen, so müssen wir versuchen, ihn vom Verständnishintergrund und der Logik seiner Verfasser wie auch seiner Adressaten her zu lesen. Dabei können wir bei dem ansetzen, was uns heute auffällt. Wir dürfen diese Auffälligkeiten allerdings nicht mit unseren Weltvorstellungen und Denkweisen betrachten und sie an ihnen messen. Dabei kann uns die historische Bibelwissenschaft helfen.

Zunächst stellen wir fest, dass *vor dem ersten Schöpfungswerk* (1,2) nicht nichts war, sondern eine ungestaltete, chaotische Urflut in absoluter Finsternis: ein wässeriges, lichtloses Urchaos. Die hebräische Wendung *tohuwabohu,* die wir mit «wüst und öde» wiedergeben, steht für einen Zustand ohne Struktur und ohne Gestalt, eine Art Chaosmeer. Gemeint ist damit aber nicht eine Art Urmaterie, der Gott seine Bausteine für die Schöpfung entnimmt. Der Abgrund des gestaltlosen Chaotischen und eines alles verschlingenden Chaosmeers bleibt vielmehr im Lebensgefühl jener Menschen der bedrohliche Urgrund und Hintergrund für alles, was Gott geschaffen und gestaltet hat.

Das zeigt bereits der *zweite Schöpfungstag*. Die Chaosgewässer erhalten eine erste räumliche Gestalt dadurch, dass Gott eine *Feste* in das Urchaos einzieht, eine Art Scheidewand, durch die die Wasser über der Feste von den Wassern darunter geschieden werden. Diese Feste übersetzte man im Lateinischen sehr zutreffend mit *firmamentum* (von *firmus* = fest, stark, widerstandsfähig). Man stellte sich diese Feste so vor, wie man sie sah, nämlich als Halbkugel, die sich über uns wölbt. Die Phönizier, ein Israel benachbartes Volk, dachten an eine gehämmerte Blechschale.

Benachbarte Völker, Stämme und Sprachgemeinschaften haben zu allen Zeiten ihre Vorstellungen von Welt und Göttern ausgetauscht. Im Vergleich mit den Weltvorstellungen der Nachbarn lässt sich zeigen, inwiefern das Weltverständnis eines Volkes mit dem seiner Zeit konform ist und wo es Besonderheiten aufweist. Das sind die interessanten Stellen.

In der zeitgleichen Schöpfungsgeschichte der Religion Babyloniens gehen der Erschaffung der Welt eine Göttergeschichte und ein Götterkampf voraus, in welchem sich der Gott Marduk durchsetzt. Er besiegt schließlich Tiámat, den Chaosdrachen und die Urmutter des Alls. Marduk teilt die getötete Tiámat wie eine Muschel in zwei Teile und bildet aus ihrer oberen Hälfte das Himmelsgewölbe und aus der unteren die Erde. Im Unterschied dazu sieht Israel seinen Gott nicht als einen Sieger, der sich erst bei einem Götterkampf durchgesetzt hat. Nach Gen 1 ist Israels Gott der Eine und Einzige von Beginn an. Er zerschneidet auch nicht mit eigenen Händen einen Urdrachen, sondern weist das ungestaltete Urchaos in seine Grenzen, indem er es bändigt und gestaltet. Mit der Feste des Himmels schafft Gott durch sein Wort erst den Freiraum für Leben.

Das Bild vom getrennten Urchaos soll aber auch in Erinnerung halten, dass alles Leben im Freiraum zwischen den chaotischen Urfluten vom Abgrund des Chaotischen stets bedroht bleibt. Das veranschaulicht die Geschichte von der Sintflut: An diesem Tag «brachen alle Quellen der großen Urflut auf, und die Fenster des Himmels öffneten sich» (Gen 7,11). Israel sieht nicht nur die Erschaffung, sondern auch die Stabilität des Lebensraums und des Lebens bleibend im Willen und im Wort Gottes begründet. Schon hier wird deutlich, dass es in dieser Schöpfungsgeschichte nicht darum geht, darzustellen, *wie* die Welt geschaffen worden ist. In ihren Abweichungen von den Schöpfungserzählungen der Nachbarvölker will die Geschichte vielmehr zum Ausdruck bringen, wer dieser Gott ist, dem wir alles Leben verdanken und dem sich Israel voll anvertrauen kann. Der Beter sagt es so: «Meine Hilfe kommt vom Herrn, der Himmel und Erde gemacht hat» (Ps 121,2). Jeder Blick zum stabilen Firmament soll und kann das Urvertrauen zu diesem Schöpfer stärken.

Wir haben die Erschaffung des Raumes aus dem ungestalteten Chaos vorweggenommen und gehen nun zum *ersten Schöpfungstag* und zum ersten Schöpfungswerk. Gott sprach: «Es werde *Licht.*» Mit dem Licht wird der Gegenpol zum lichtlosen Chaos geschaffen, und damit wird neben dem Raum das andere Ordnungselement der sichtbaren Welt gesetzt: die Zeit. Im Wechsel von Licht und Finsternis entstehen Tag und Nacht, Sommer und Winter. Den philosophisch aufmerksamen Leserinnen und Lesern wird auffallen, dass am Beginn der Schöpfung Raum und Zeit geschaffen werden, eben jene Anschauungsformen, in denen wir Menschen die Welt wahrnehmen und verstehen. Die Zeit lässt Ereignisse nacheinander ablaufen und der Raum ermöglicht es, dass Ereignisse nebeneinander stattfinden oder Dinge nebeneinander bestehen. Raum und Zeit gliedern und messen wir in Zahlen. Insofern ist es bemerkenswert, die Schöpfungswerke in dieser Geschichte genau nach Tagen durchgezählt zu sehen: «Ein Tag ... ein zweiter Tag ... ein dritter Tag».

Den heutigen Leserinnen und Lesern wird auch nicht entgehen, dass hier zwar an erster Stelle das Licht geschaffen wird, nicht aber die Lichtkörper. Diese sind erst das Werk des vierten Schöpfungstags. Natürlich war auch dem Menschen der Alten Welt klar, dass das Licht von den Gestirnen kommt. Wenn aber am ersten Schöpfungstag vom Licht unabhängig von Gestirnen die Rede ist (eine Vorstellung ohne geschichtliche Parallele), so ist deutlich, dass mit «Licht» mehr gemeint ist als das Sonnenlicht oder Licht im physikalischen Sinn. Es ist im umfassendsten Sinn das Licht des Lebens, das allein Leben schaffen und Leben erhalten kann, weil es von Gott ausgeht. In diesem Sinn von Leben schaffender Kraft Gottes wird es später im Johannesevangelium von Jesus heißen: «Das Licht scheint in der Finsternis» (Joh 1,5) oder «Ich bin das Licht der Welt» (Joh 8,12).

Der *vierte Schöpfungstag*, an dem die Gestirne geschaffen werden, macht besonders deutlich, wie betont sich dieser Schöpfungstext von den religiösen Vorstellungen der Nachbarvölker absetzt. In den großen Kulturräumen Mesopotamiens galten die Gestirne als Götter, die das Schicksal der Menschen und den Gang der Geschichte bestimmten. Sie waren als Götter zu verehren. In ihren Bahnen sah jeder sein Schicksal und auch den Lauf der Geschichte vorgezeichnet und bewirkt. Die Astrologie hat in diesem Denkmodell ihren Ursprung und ihre Begründung. Die Menschen der Alten Welt beobachteten ängstlich den Himmel und die Bewegung der Gestirne, von denen sie ihren Lebensweg abhängig sahen.

In diese emotional aufgeladene Welt des Gestirnglaubens, des Sonnen- und Mondkults fallen die nüchternen Sätze: «Gott sprach: Es sollen Lichter werden an der Feste des Himmels» (Gen1,14). Allein schon mit dem Wort «Lichter» werden die Gestirngottheiten zu ganz gewöhnlichen Leuchtkörpern, ja zu Lampen und Funzeln abgewertet. Sie sind keine eigenständigen Gottheiten mehr, die über Mensch und Welt Macht ausüben könnten. Sie sind Schöpfungen des einen Gottes. Ihnen ist nur ein schlichter Dienst zugewiesen: Sie sollen Tag und Nacht erleuchten und an ihren zuverlässigen Bahnen soll man die Daten für Festzeiten und für die Zählung von Tagen und Jahren ablesen können. Das war die Sache der Priester. Gott selbst hat mit dieser Zweckbestimmung der Gestirne eine Ordnung in den Ablauf der Zeit gebracht, nach der Israel seine kultischen Feste feiern soll.

Die religiöse Botschaft der Deklassierung der Gestirne sagt: Vor diesen ihrer Göttlichkeit beraubten Lichtern am Himmel braucht niemand mehr Angst zu haben. Die Gestirngötter und die Himmelskulte der Nachbarvölker verlieren mit der Entgöttlichung der Gestirne die Kraft, für Israel eine Versuchung zu sein. Leben, Geschichte und Lauf der Welt werden in dem einen und einzigen Gott gegründet. Diese Konzentration auf den einen Herrn hat sich auch im ersten Gebot niedergeschlagen: «Ich bin der Herr, dein Gott ... Du sollst keine anderen Götter haben neben mir» (Dtn 5,6f).

Nach den kosmischen Dimensionen wird am *dritten Schöpfungstag* der unmittelbare Lebensraum des Menschen geordnet. Noch sind ja erst die Urfluten über und unter der Feste voneinander getrennt. Jetzt gebietet Gott der Urflut unter der Feste, an bestimmte Orte abzufließen; dabei hebt sich für das Auge aus der Wasserwüste festes und trockenes *Erdreich* hervor. Dieses Erdreich stellte man sich als eine Scheibe vor, die auf Säulen ruht, die irgendwo in der Tiefe gründen. Die Erdscheibe, der irdische Lebensraum, bleibt von der gefährlichen und abgründigen Urflut, dem Meer, umgeben und begrenzt.

Der Vorgang der abfließenden Fluten, aus dem sich das Land zu erheben scheint, ist wohl nicht der Phantasie der Verfasser entsprungen, sondern entspricht der Erfahrung, und zwar der jährlich wiederkehrenden Erfahrung des Zweistromlandes oder Ägyptens, dass nach den jahreszeitlichen Überschwemmungen durch die großen Flüsse der feste Boden wieder sichtbar wird.

Es entspricht ebenfalls der Erfahrung in Überschwemmungslandschaften, dass nach dem Abfließen des großen Wassers das Land in üppiger Weise ergrünt. Das haben die Israeliten sowohl in Ägypten als auch in ihrer babylonischen Gefangenschaft selbst erlebt. Theologisch entscheidend ist hier nicht die entliehene Anschauung vom Zurücktreten des Wassers, sondern die Feststellung, dass dieser Vorgang auf Gottes Befehl hin geschieht. Darin drückt sich die Gewissheit und die Dankbarkeit aus: Den sicheren Lebensraum Erdboden verdanken wir unserem Gott.

Die Aufenthalte israelitischer Gruppen in Ägypten und im babylonischen Exil waren Episoden. Das Volk lebte nun schon seit Jahrhunderten in Kanaan. Die Israeliten hatten sich innerhalb weniger Generationen in der vorgefundenen bäuerlichen Kultur Kanaans eingerichtet. Sie hatten auch Gottesvorstellungen und religiöse Praktiken des Landes übernommen: so z.B. die Vorstellung, dass die Erde als Göttin der Fruchtbarkeit des Ackers zu verstehen ist und der Gott Baal als der Gott der Fruchtbarkeit für Land und Vieh. Nicht wenige werden diese Gottheiten auch in landesüblicher Weise verehrt haben.

Erst dieser Hintergrund macht ein Detail sichtbar, das wir sonst wohl kaum bemerkten. Gottes Schöpfungsworte lauteten bisher: «Es werde Licht ... die Feste ... Erde und Wasser ... die Gestirne ... und es wurde!» Hier aber heißt es: «Gott sprach: Die *Erde* lasse junges Grün sprossen» (Gen 1,11). Und entsprechend heißt es «Die *Erde* bringe Lebewesen hervor nach ihren Arten» (Gen 1,24). Das ist Kultkritik und theologische Korrektur in einem. Die Gottheiten der Vegetation und der Fruchtbarkeit werden ebenso wie zuvor die Gestirne als Götter entthront. Die Erde wird zur profanen Natur erklärt, die von Gott den Auftrag erhält, Pflanzen und Tiere aller Art hervorzubringen. Damit ist auch der Versuchung der Boden entzogen, Gottheiten der Vegetation und der Fruchtbarkeit zu verehren.

Ganz aus dem Rahmen damaligen Denkens fällt schließlich das letzte Schöpfungswerk: *die Erschaffung des Menschen*. Das Besondere deutet sich bereits im Eingangssatz an. Gott sagt hier nicht: «Es sollen Menschen werden». Er redet sich gleichsam selbst an und fordert sich auf: «Lasst uns Menschen machen» (Gen 1,26). Bei dem Plural «uns» darf man nicht an eine Götterrunde oder an einen himmlischen Hofstaat denken. Das schließen die folgenden Verse aus. Es ist der Plural der Majestät, der hier aufgenommen wird. Am persischen Hof jener Zeit sprach der König von sich im Plural der Majestät und wurde auch so angeredet.

Unser Schöpfungstext, der in der Zeit der Perserherrschaft geschrieben wurde, greift diese herrschaftliche Selbstbezeichnung als Ausdruck für höchste Macht und Würde auf.

Während die vorausgehenden Schöpfungswerke durch das Wort Gottes geschahen, wird hier ausgedrückt, dass Gott engagiert persönlich und nicht nur mittelbar durch sein Wort an der Erschaffung des Menschen beteiligt ist. So wurde auf die hervorgehobenen wechselseitigen Beziehungen zwischen Gott und den Menschen hingewiesen. Diese besondere Beziehung wird durch den Zusatz vertieft: «Lasst uns Menschen machen *als unser Bild, uns ähnlich.*»

In den folgenden Sätzen wird verdeutlicht, in welcher Hinsicht die Menschen als Gottes Ebenbilder gemeint sind: jedenfalls nicht aufgrund ihrer geistigen Natur; auch nicht wegen ihrer Fähigkeit, sich über die Welt der Pflanzen und der Tiere zu erheben und über sie zu verfügen, und ganz gewiss nicht, weil sie wie Gott aussehen. Die Ebenbildlichkeit bezieht sich auf das gesamte Menschsein. Menschsein als Ebenbild Gottes ist dort eingelöst, wo es aus dem Geist Gottes gelebt wird und eben damit Gottes Wesen entspricht. Die Entsprechung liegt in erster Linie darin, dass der Mensch gegenüber Gott das gleiche Verhältnis des Vertrauens haben kann, wie es Gott den Menschen gegenüber kundgegeben hat.

Die Entsprechung liegt ferner darin, dass der Mensch sein Verhältnis zum Leben auf dieser Erde so wahrnimmt, wie es sich in Gottes Handeln an den Lebewesen zeigt. Gott hat die Tiere des Wassers, der Luft und der Erde in ihre Lebensräume entlassen und sie in ihrem Sosein gesegnet. Dem Menschen ist aufgetragen: «Herrscht über die Fische des Meers und über die Vögel des Himmels und über alle Tiere, die sich auf der Erde regen» (Gen 1,28). Aber diese Herrschaft ist nicht als eine ausbeuterische und egoistische Willkürherrschaft gedacht, sondern eingebunden in die Ebenbildlichkeit. Der Mensch ist dazu berufen, «Mandator Gottes» (Gerhard von Rad) zu sein. Ihm ist aufgetragen, den Lebensraum, in den die Tiere entlassen wurden, so zu bewahren, wie dieser geschaffen wurde. Der Mensch soll sich zu den Lebewesen so verhalten, dass sich der Segen entfalten kann, den Gott über sie ausgesprochen hat. Das Töten von Tieren ist hier noch nicht in Sicht, da den Menschen die Pflanzen zur Nahrung angewiesen werden. Hier schimmert offenbar noch die Vorstellung vom Tierfrieden der Urzeit und später auch der Heilszeit durch, eine Vorstellung, die auch in Mesopotamien, in Ägypten, in Griechenland und in der römischen Kultur verbreitet war.

Zu beachten bleibt noch, dass bei der Erschaffung des Menschen (hebr. *adam*) nicht von einem einzelnen Exemplar die Rede ist, sondern von der Menschheit. Die Menschen sind von Beginn an als Mann und Frau geschaffen. Die geschlechtliche Differenzierung ist jedenfalls kein Merkmal des Schöpfers und der Gottebenbildlichkeit, sondern ein Charakteristikum des Geschaffenen, der Geschöpfe. Der Schöpfer steht in Gen 1 jenseits jener Kategorien, die für seine Geschöpfe gelten. Der menschlichen Zeugungskraft und der Geschlechtlichkeit wird damit auch der Nimbus des Sakralen und des Göttlichen genommen. Darin ist eine deutliche Absage an die Praktiken der orgiastischen Kulte und der kultischen Prostitution in Kanaan zu sehen.

Die Schöpfungsgeschichte von Gen 1–2,4a setzt sich in mehrfacher Hinsicht betont von den Gottesvorstellungen im Umfeld Israels ab, nach denen Gottheiten vielfach als Götterpaare auftreten, Nachkommen zeugen, so wie sie selbst gezeugt worden sind. Der Gott, von dem diese Schöpfungsgeschichte redet, ist Schöpfer der Geschlechtlichkeit, steht aber selbst vor und jenseits dieser irdischen Kategorien. Mann und Frau stehen in ihrer geschlechtlichen Identität ohne Vorrang gleich unmittelbar zu ihrem Schöpfer. Sie sind in ihrem jeweiligen ganzen Menschsein in gleicher Weise Gottes Ebenbild.

Als Menschen des 21. Jahrhunderts sollten wir besonders registrieren, dass der Mensch nicht wegen seiner intellektuellen Fähigkeiten von den anderen Lebewesen abgesetzt wird, sondern sofern er sich in seiner Gottesbeziehung von allen anderen Lebewesen unterscheidet. Die körperliche Nähe zu den Tieren wird realistisch gesehen. Nicht zufällig werden Landtiere und Menschen am selben Tag erschaffen.

Ein gravierender Unterschied zu den Schöpfungsmythen benachbarter Völker sei noch besonders hervorgehoben. Im babylonischen Schöpfungsmythos «*Enuma Elisch*», den die Israeliten spätestens im Exil kennengelernt hatten, entschließt sich der Gott Marduk ebenfalls, ein Wesen Mensch herzustellen. Er tut es mit dem erklärten Ziel, die Götter von ihrer Arbeit zu entlasten und sich dienen zu lassen. In unserer Schöpfungsgeschichte schafft sich Gott nicht einen Bediensteten, sondern ein Gegenüber. Es geht in der alttestamentlichen Gottesbeziehung niemals um ein einseitiges Dienstverhältnis, sondern um eine wechselseitige Beziehung, und zwar um eine Beziehung des Vertrauens.

Die Ruhe des siebenten Tages vollendet das Schöpfungswerk. Die Schöpfungswerke sind mit der Erschaffung des Menschen abgeschlossen, aber das Schöpfungsgeschehen als ganzes strebt erst noch seiner Vollendung zu. Im babylonischen Schöpfungsepos wird Marduk in der Götterversammlung für sein Tun gefeiert. In Gen 2,1ff mündet die

Arbeit Gottes an den Schöpfungswerken in die erhabene Ruhe des Schöpfers. Mit der Ruhe am siebenten Tag nach sechstägiger Arbeit wird ein vom Schöpfer selbst gesetzter Biorhythmus festgelegt, der auch für die Menschen gelten soll.

Wir wissen nicht, wann und wo Israel den Ruhetag (Sabbat) ausgebildet hat. Deutlich ist aber so viel: Der Sabbat als stiller Ruhetag für alle ist seit dem Ende des Exils zusammen mit der Beschneidung das Kernstück religiösen und gesellschaftlichen Lebens und israelitisch-jüdischer Identität. Der Sabbat gilt als ein Tag, der für die Pflege des Verhältnisses zwischen Gott und Mensch freizuhalten ist. Er ist den Verfassern für das Verständnis und für die Wechselbeziehung zwischen Gott und Mensch so wesentlich, dass sie ihn bereits in der göttlichen Schöpfungsordnung fest verankert sehen. Im Alten Testament gibt es kein Gebot, das so oft eingeschärft wird, wie das Gebot, den Sabbat im Sinne der Schöpfungsordnung zu halten. Keines der Zehn Gebote verpflichtet auf einen Schöpfergott. Aber das Gebot, den Sabbat zu halten, wird mit dem Hinweis verbunden, dass Gott nach sechs Schöpfungstagen am siebten Tag geruht hat. Dem Sieben-Tage-Schema zuliebe, das ja durch den jüdischen Sabbat begründet wird, wurden sogar acht Schöpfungswerke in sechs Schöpfungstagen untergebracht, wofür ein älteres Konzept mit acht Schöpfungswerken umgebaut werden musste. Dem dritten und sechsten Schöpfungstag wurden jeweils zwei Schöpfungswerke zugeordnet.

Vorstellungen und Erzählungen über die Anfänge von Welt und Mensch (Kosmogonie) gab es in allen Kulturen der Alten Welt. In allen alten Hochkulturen verstand man die Welt als das Werk von Göttern. Göttergeschichten nennt man *Mythen*. Schöpfungsmythen geben auf die Fragen Antwort, wie es zu dieser Welt und zu dem, was sie an Leben enthält, gekommen ist. Insofern dokumentieren die Schöpfungsmythen der Völker stets auch das Naturverständnis jener Zeit, in der diese Erzählungen entstanden sind. Die Schöpfungsmythen erklären im Modell des jeweiligen Naturverständnisses, warum Welt und Mensch so sind, wie sie sind. Ihre Botschaft ist aber nicht eine naturkundliche Belehrung, denn die Mythen bringen in ihren jeweiligen naturkundlichen Vorstellungen in erster Linie zum Ausdruck, wie die Götter selbst und wie ihr Wirken und das Verhältnis zu ihnen zu verstehen sind.

Was in der Schöpfungsgeschichte Gen 1,1–2,4a über die Natur ausgesagt wird, unterscheidet sich nicht von der Naturerkenntnis der umliegenden Kulturen. Es entspricht dem Gemeingut damaliger altorientalischer Welterkenntnis. Aber im Gewand dieser Vorstellungsformen wird ein Verständnis von Gott, von Welt und vom Menschen entworfen, mit dem sich Israel von den religiösen Vorstellungen der Nachbarvölker abhebt. Es sind nicht viele Götter, sondern es ist nur ein einziger Gott, dem wir als dem Schöpfer und Herrn der Welt gegenüberstehen und den wir zu verehren haben. Die alten Gestirngötter werden zu profanen Lichtkörpern degradiert. Erde und Meer werden entgöttlicht und von dem einen Gott auf die Funktion zurückgestuft, in seinem Auftrag Leben hervorzubringen. Die Welt ist nicht mehr das

Spielfeld und die Menschen sind nicht mehr die Spielbälle unberechenbarer Gottheiten. Die Schöpfung wird zur stabilen Natur. Auf den Gott, der sich den Menschen zum Ebenbild und zum Gegenüber gemacht hat, kann man sich verlassen. Hier wird bereits deutlich, dass sich vor dem Hintergrund eines gleichen Naturverständnisses ganz unterschiedliche Gottesverständnisse formulieren lassen. Daraus folgt, dass religiöse Aussagen inhaltlich nicht an die naturkundlichen Vorstellungen gekoppelt sind, mit denen sie artikuliert werden.

Eine andere Schöpfungsgeschichte in Gen 2,4bff

Eine irritierend andersartige Erzählung

Die Schöpfungsgeschichte Gen 1,1–2,4a von der wir nur die für unser Thema wichtigsten Details betrachten konnten, schließt mit dem Satz: «Dies ist die Geschichte der Entstehung von Himmel und Erde, als sie geschaffen wurden.» Unmittelbar danach folgt in den Kapiteln Gen 2 und 3 eine Erzählung, die zu erklären sucht, weshalb es im Leben des Menschen so viele Störungen, Widrigkeiten, Qualen und Rätsel gibt. Erzählungen, die erklären, was Grund und Ursache für bestimmte Gegebenheiten unseres Lebens sind, nennt man «*Ätiologien*» (von gr. aitía/Ursache, Grund). Insofern ist auch die eben besprochene Schöpfungsgeschichte, die im Ruhetag Gottes mündet, als Ätiologie zu bezeichnen, die mit einer mythischen Erzählung das Sabbatgebot erklärt.

Wovon erzählen Gen 2 und 3?

Die Erzählungen in Gen 2 und 3, die man im Zusammenhang lesen sollte, geben Antwort auf viele Fragen des gegenwärtigen Lebens: Warum muss die Schlange beinlos im Staub der Erde kriechen? Woher kommt die Feindschaft zwischen Schlange und Mensch? Warum hat die Frau Beschwerden in der Schwangerschaft und Schmerzen bei der Geburt eines Kindes? Woher kommt das tiefe Verlangen der Frau nach dem Mann und umgekehrt? Warum tragen die Menschen Kleidung? Warum ist die Ackerarbeit des Mannes so beschwerlich? Warum muss der Mensch sterben? Dem soll hier im Einzelnen nicht näher nachgegangen werden. Wir klopfen die vielschichtige Erzählung lediglich auf jene Vorstellungen hin ab, die das Schöpfungsgeschehen betreffen.

Der Text Gen 2

Im folgenden Text sind nur jene Passagen wiedergegeben, auf die wir uns für unser Thema beschränken können.

«(2,4b) Zur Zeit, als der HERR, Gott, Erde und Himmel machte, (5) und es noch kein Gesträuch des Feldes gab auf der Erde und noch kein Feldkraut wuchs, weil der HERR, Gott, noch nicht hatte regnen lassen auf die Erde und noch kein Mensch da war, um den Erdboden zu bebauen, (6) als noch ein Wasserschwall hervorbrach aus der Erde und den ganzen Erdboden tränkte –, (7) da bildete der HERR, Gott, den Menschen aus Staub vom Erdboden und blies Lebensatem in seine Nase. So wurde der Mensch ein lebendiges Wesen.

(8) Dann pflanzte der HERR, Gott, einen Garten in Eden im Osten, und dort hinein setzte er den Menschen, den er gebildet hatte. (9) Und der HERR, Gott, ließ aus dem Erdboden allerlei Bäume wachsen ... (15) und der HERR, Gott, nahm den Menschen und setzte ihn in den Garten Eden, damit er ihn bebaute und bewahrte. ...

(18) Und der HERR, Gott, sprach: Es ist nicht gut, dass der Mensch allein ist. Ich will ihm eine Hilfe machen, ihm gemäß. (19) Da bildete der HERR, Gott, aus dem Erdboden alle Tiere des Feldes und alle Vögel des Himmels und brachte sie zum Menschen, um zu sehen, wie er sie nennen würde, und ganz wie der Mensch als lebendiges Wesen sie nennen würde, so sollten sie heißen. (20) Und der Mensch gab allem Vieh und den Vögeln des Himmels und allen Tieren des Feldes Namen. Für den Menschen aber fand er

keine Hilfe, die ihm gemäß war. (21) Da ließ der HERR, Gott, einen Tiefschlaf auf den Menschen fallen, und dieser schlief ein. Und er nahm eine von seinen Rippen heraus und schloss die Stelle mit Fleisch. (22) Und der HERR, Gott, machte aus der Rippe, die er vom Menschen genommen hatte, eine Frau und führte sie dem Menschen zu. (23) Da sprach der Mensch: Diese endlich ist Gebein von meinem Gebein und Fleisch von meinem Fleisch. Diese soll Frau heißen, denn vom Mann ist sie genommen. (24) Darum verlässt ein Mann seinen Vater und seine Mutter und hängt an seiner Frau, und sie werden ein Fleisch.»

Die Erschaffung des Adam

Die Schöpfungsgeschichte von Gen 1,–2,4a wird hier offensichtlich weder fortgesetzt noch ergänzt. Wir begegnen vielmehr ganz anderen Vorstellungen von den Anfängen. Himmel und Erde werden bereits als vorhanden vorausgesetzt, aber die Erde ist noch leer und trocken wie eine Wüste; sie trägt noch keine Pflanzen, da es an Wasser fehlt, weil Gott «noch nicht hatte regnen lassen».

Das erste Schöpfungswerk ist der Mensch in Gestalt eines Mannes. Der aber wird nicht durch Gottes schöpferisches Wort ins Leben gerufen, wie wir in Gen 1 lesen konnten, sondern «da bildete der HERR, Gott, den Menschen aus Staub vom Erdboden und blies Lebensatem in seine Nase. So wurde der Mensch ein lebendiges Wesen» (Gen 2,7). Der Mensch wird in seiner körperlichen Gestalt von Gott selbst aus angefeuchtetem Erdreich geformt. Zum lebendigen Wesen wird der Leib des Menschen erst dadurch, dass ihm Gott Atem in die Nase bläst. Darin kommt zweierlei zum Ausdruck.

Zum einen: der Mensch wird als ein Erdenwesen verstanden. Er ist aus irdischem Stoff erbaut und er wird auch wieder zu der Erde werden, von der er genommen ist. Diese enge Verbundenheit von Mensch und Erde wird im Hebräischen durch ein Wortspiel besonders betont: «Mensch» heißt im Hebräischen *adám,* und die «Erde» heißt *adamáh.* Der adám/Mensch ist der von der adamáh/Erde Genommene.

Zum anderen: Leben erhält der Mensch erst durch den Atem Gottes. Das soll nicht andeuten, dass der Mensch aus irdischem Leib und göttlicher Seele besteht; es soll sagen, dass die menschliche Lebendigkeit ganz in Gott gegründet, mit Gott verbunden ist und in dieser Verbindung ihr bleibendes Wesen hat. Der Psalm 104,29f wird an diese bleibende Abhängigkeit erinnern: «... nimmst du ihren Atem weg, kommen sie um und werden wieder zu Staub. Sendest du deinen Atem aus, werden sie erschaffen ...»

Die Erschaffung des Gartens

Der Mensch, der als erstes lebendiges Wesen zuerst allein in einer trockenen Sandwüste steht, wird nun in einen Garten gesetzt, den Gott als eine Art umgrenzten Lebensraum fürsorglich für den Menschen anlegt. Diesen Garten sieht der Verfasser in der Landschaft «Eden». Das ist ein geographisch nicht identifizierbarer Ort im Osten. Im Osten, der Richtung des Sonnenaufgangs, lag für die Israeliten, die in Palästina wohnten, der Ursprung der Menschheit. Eden, das dem Wortsinn nach «Wonne» bedeutet, darf man sich aber nicht als eine Art Paradies vorstellen, sondern eher als ein parkartiges Baumgehege, als zureichenden Lebensraum für den Menschen. Gemeint ist gewiss weder ein Vergnügungspark noch eine Art Schlaraffenland, sondern ganz nüchtern die Arbeitswelt des Menschen. «Der HERR ... setzte ihn in den Garten Eden, damit er ihn bebaute und bewahrte» (Gen 2,15). Wie also Gott als Fürsorge für den Menschen den Garten gepflanzt hat, so wird der Garten nun dem Menschen anvertraut mit dem Auftrag, für ihn zu sorgen, ihn zu pflegen und vor Schaden zu bewahren. Das tiefe Wissen bäuerlicher Kulturen, dass man die Natur, von der man lebt, nicht zerstören darf, sondern pflegen muss, wird hier dem Menschen als Auftrag und als gottgewollte Bestimmung seines Menschseins und Lebens vor Augen gestellt.

Die Erschaffung der Frau

Im bisherigen Erzählgang wurde von den menschheitlichen Fragen in der Beziehung von Gott, Mensch und Welt am Beispiel dieses einen *adám*/Menschen gesprochen. Mit der Feststellung Gottes «Es ist nicht gut, dass der Mensch allein ist» (Gen 2,18a), kommt ein anderer Aspekt des Menschseins in den Blick, nämlich das Verhältnis der Geschlechter zueinander. Die Erfahrung, dass der Mensch für sich allein nicht im Vollsinne Mensch sein kann, wird in der Geschichte als Feststellung des Schöpfers ausgedrückt. In dem Entschluss Gottes «Ich will ihm eine Hilfe machen, ihm gemäß» (Gen 2,18b) spürt der Leser/Hörer wieder, dass auf Gottes fürsorgliches Handeln Verlass ist.

Gott bildet die Tiere und Vögel (keine Wassertiere!) aus feuchter Erde. Er muss aber feststellen, dass sie dem Menschen als Gegenüber nicht gemäß sind. Der *adám* erkennt sie nicht als seinesgleichen. In einem zweiten Versuch lässt Gott den Menschen in einen Tiefschlaf fallen, entnimmt ihm eine Rippe und baut daraus eine Frau. *Adám* erkennt sie sogleich als «ihm gemäß», als von gleicher Art. Diese Gleichartigkeit wird in der Geschichte wieder durch ein Wortspiel bei der Namensgebung ausgedrückt. Der *adám* sagt nämlich: «Sie soll *ischáh*/‹Männin, Frau› heißen, denn vom *isch*/Mann ist sie genommen» (Gen 2,23b).

Es gibt nur wenige Passagen im Alten Testament, denen so viele fremde Gedanken aufgeladen worden sind wie dieser Geschichte von der Erschaffung der Frau, für die bisher keine altorientalische Parallele bekannt ist. Der Fortgang der Geschichte zeigt jedenfalls, dass hier weder von Fortpflanzung noch von androgynen Phantasien noch gar von Ehe die Rede ist, sondern schlicht von dem unbändigen Drang der Geschlechter zueinander. Die Geschichte von der Erschaffung der Frau ist eine Ätiologie. Sie erhebt nicht den Anspruch, die biologische Entwicklungsgeschichte des

Menschengeschlechts zu enthüllen oder eine Rangordnung der Geschlechter zu begründen. Sie zielt vielmehr darauf, eine Erfahrung zu erklären, die jeder Mensch macht. Sie sagt darüber hinaus, dass der Mensch auf Gemeinschaft, auf ein Gegenüber und auf ein Miteinander hin angelegt ist. Man kann dieser Geschichte noch nicht einmal durchgängig ein patriarchalisches Denken unterstellen. Nach Gen 2,24 verlässt der Mann sein Elternhaus und begibt sich in die Familie seiner Frau. Diese Bemerkung kommt aus einer matriarchalischen Gedankenwelt.

Beobachtungen, Vergleiche und Schlüsse

Die Texte von Gen 1 und 2 haben das Bewusstsein der Christenheit und des Abendlandes tief und nachhaltig beeinflusst, freilich nicht immer im Sinne dieser Texte, sondern weit mehr durch die kirchlichen Interpretationen, die sie im Laufe der Jahrhunderte erfahren haben. Davon wird noch zu reden sein. Jedenfalls war schon festzustellen, dass die Schöpfungsmythen der Völker nicht vom Himmel gefallen sind. Auch die Schöpfungsmythen Israels nicht. Sie wurden vielmehr im Erfahrungshorizont jener Volksgruppen verfasst, in denen sie entstanden sind. Aus dem Vergleich von Gen 1 und Gen 2 werden wir bereits einiges über Alter und Herkunft dieser Texte entnehmen können. Ein systematischer Vergleich der unterschiedlichen Vorstellungen von Gott, Welt und Mensch in diesen beiden biblischen Schöpfungstexten wird uns darüber hinaus zu Einsichten führen, die nicht nur für das Verständnis biblischer Texte grundsätzlich wichtig sind, sondern an entscheidender Stelle auch Klarheit in das Gespräch mit den Naturwissenschaften bringen.

Die Gegebenheiten vor dem Wirken Gottes

Wir hatten schon festgestellt, dass beide Schöpfungstexte nicht mit dem Nichts beginnen, das Gott schrittweise zur Schöpfung ausgestaltet, sondern dass sie Vorhandenes bereits voraussetzen. Gen 1 sieht in einem ungestalteten und lichtlosen Wasserchaos den Urzustand vor aller Schöpfung (Gen 1,2). Gen 2 setzt hingegen bei der Vorstellung einer trockenen Sandwüste ein, auf die noch kein Tropfen Regen gefallen ist (Gen 2,4b–6). Wenn Menschen sich den Uranfang der Welt in den Anschauungsformen ihrer Erfahrungswelt vorstellen, so weist uns Gen 1 in eine Landschaft, in der das Wasser übermächtig und lebensbedrohlich ist, während Gen 2 auf die Wüste als Erlebnishintergrund hindeutet.

Die Rolle des Wassers

Nach Gen 1 muss Gott dem Wasserchaos einen Raum für seine Schöpfung erst abgewinnen. Dazu zieht er die Halbkugel des Firmaments ein und drängt die Wassermassen so weit auseinander, dass ein Freiraum für das Universum entsteht (Gen 1,6f). Auf dem Boden der Halbkugel muss er dafür sorgen, dass sich die Wasser an bestimmten Orten sammeln, damit Land aus den Fluten hervortreten kann. Diese Anschauung von abfließenden Wassermassen haben Menschen jedes Jahr in Überschwemmungsgebieten von größeren Flüssen vor Augen, so z.B. in Mesopotamien, wo Euphrat und Tigris in der Schneeschmelze das Land überfluten, oder in Ägypten, wo der Nil alljährlich über die Ufer tritt. Die unberechenbaren Wasserfluten werden immer wieder als lebensbedrohlich erlebt. Diese Erfahrungen bilden den Hintergrund für die Vorstellung vom Wasserchaos des Uranfangs und von der ständigen Bedrohung des Lebens durch diese Fluten. Die andauernde Bedrohung im Hintergrund bestätigt eindrucksvoll die Treue, mit der Gott Tag für Tag seine Schöpfung erhält.

Gen 2 schöpft aus der Lebenserfahrung der Wüsten- und Steppenbewohner. Von ihnen wird das Wasser nicht als lebensbedrohlich, sondern Tag für Tag als lebensnotwendig erfahren. Regen wird als Gottes Fürsorge, Gabe und Zuwendung an seine Schöpfung und an seine Geschöpfe verstanden.

Die Vorstellung von Gott

Nach Gen 1 spricht Gott «Es werde ...», und sein Wort erschafft, was er sagt. Souveräner sind Schöpfungsakte nicht denkbar. Ein Gott, der so zu erschaffen vermag, kennt keine anderen Schöpfungsmächte neben sich. Die Art seines Schaffens weist ihn als den Einen und Einzigen aus. Dieser Gott steht seiner Schöpfung gegenüber: unnahbar in seinem Wirken, aber gegenwärtig in seinen Werken. Was er erschafft, das ist «sehr gut».

In Gen 2 begegnet uns ein anderer Gott. Er formt den Menschen aus Erde, nicht mit seinem schöpferischen Wort, sondern mit seinen Händen. Er pflanzt wie ein Gärtner seinen Garten. Er bildet aus Erdboden die Tiere und die Vögel, aber nicht alles gelingt gleich. Die Tiere und Vögel erweisen sich nämlich nicht als die Hilfe für den Menschen, als die sie von Gott zunächst gedacht waren. So bildet Gott schließlich in einem zweiten Versuch die Frau aus der Rippe des Mannes. Im Fortgang der Geschichte wird Gott beim Abendwind im Garten wandeln (Gen 3,8). Er wird die Menschen suchen, die sich vor ihm versteckt haben, und er wird sie Aug in Auge für ihren Ungehorsam zur Rechenschaft ziehen. Er wird sie schließlich persönlich aus dem Garten weisen. Gott bestraft den Ungehorsam, aber er bestätigt sogleich seine bleibende Fürsorge und Zuwendung: «Der HERR, Gott, machte dem Menschen und seiner Frau Röcke aus Fell und legte sie ihnen um» (Gen 3,21). Gott ist in Gen 2 und 3 ganz anthropomorph (menschartig) dargestellt bis dahin, dass ihm nicht alles gleich gelingt. Das Wirken Gottes ist nur bezogen auf die Lebenswelt des Menschen: auf den Garten, die Pflanzen, die Tiere und die Menschen selbst. Vom Anfang des Universums und von den Gestirnen ist gar nicht die Rede. Das Meer wird überhaupt nicht erwähnt, und bei der Erschaffung der Tiere fehlen auch die Fische. Dieser Lebensbereich gehörte offenbar nicht zur Lebenswelt der Menschengruppe, in der man sich diese Geschichte erzählte.

Die Stellung des Menschen

Nach Gen 1 ist der Mensch das letzte der acht Schöpfungswerke, gleichsam die Spitze einer Pyramide, die Gott als seinem Ebenbild am nächsten steht. Mann und Frau werden gleichzeitig erschaffen, d.h. sie werden als gleichwertig und als Gott gleich nah verstanden. Die Geschlechtlichkeit ist ein Wesensmerkmal, das der Schöpfer in seine Schöpfung setzt. Sie ist hingegen kein Merkmal des Schöpfers.

In Gen 2 ist der Mensch in Gestalt des Mannes das erste der Schöpfungswerke. Er ist offenbar Gott gemäß gestaltet, da dieser auch menschengestaltig gedacht ist, aber ohne Hinweis auf eine Geschlechtlichkeit. Die Frau ist göttliche Zweitschöpfung aus der Substanz des Mannes und insofern von gleicher Art. Nur deshalb kann sie der Mann bei aller Unterschiedlichkeit als «seinesgleichen» erkennen.

Der geistige Horizont

Gen 1 entwirft ein umfassendes Bild vom Universum und von dessen Anfang. Der Bogen der Schöpfung spannt sich *vom gestaltlosen Wasserchaos hin zum wohlgeordneten Kosmos*. Das zeitgenössische Naturwissen der altorientalischen Welt ist der Hintergrund für das Zeugnis vom Schöpfungswirken Gottes, von seiner Größe und von seiner Zuverlässigkeit (das Firmament ist stabil!).

Der Text ist klar in Tage und Schöpfungswerke eingeteilt. Die Sprache ist nüchtern und knapp, alle Tagewerke werden nach dem gleichen Schema dargestellt. Die Tage sind als Tage und nicht als Zeitepochen gedacht, und die Verfasser zweifeln nicht daran, dass sich die Schöpfung so abgespielt hat, wie sie das schildern. Ihre kosmologischen Vorstellungen sind auf der Höhe altorientalischen Weltverständnisses. Durch die Art ihrer Darstellung geben sie aber zu erkennen, dass sie nicht ein Lehrbuch der Naturkunde schreiben, sondern dass sie im Horizont zeitgenössischen Naturverständnisses die alleinige Handlungsvollmacht ihres Gottes bezeugen und ihn als den Herrn aller Herrn zu erkennen geben, neben dem es keine anderen Götter oder Mächte gibt.

Der Text erweckt in seiner Systematik und trockenen Klarheit den Eindruck einer wissenschaftlichen Abhandlung. Es geht aber nicht um die naturkundlichen Fakten, sondern um die theologischen Aussagen, die mit dem naturkundlichen Wissen der Zeit ausgedrückt werden. Gen 1 drückt die Gewissheit aus, dass sich der Gläubige in seiner von allen

Seiten bedrohten Welt auf seinen Gott verlassen kann. Die Bibelwissenschaft versteht diesen Text als eine reflektierte und konzentrierte Endform priesterlichen Glaubenswissens, das im Laufe von Generationen zu dieser elementaren Form verdichtet wurde.

Die aufmerksamen Bibelleserinnen und -leser sind überrascht und irritiert, wenn nach dem theologisch so abgeklärten Entwurf im Blick auf das gesamte Universum in Gen 2 unvermittelt und naiv direkt von einer sehr kleinen Welt erzählt wird, die um den Menschen herum aufgebaut wird. Der Bogen der Schöpfung spannt sich hier nicht vom Chaos zum Kosmos, sondern reicht nur sehr erdnah *von der Wüste zum Kulturland*. Die naturkundlichen Aussagen zu den Anfängen, zur Rolle des Wassers, zur Schöpfung von Mann und Frau und auch die Vorstellung von Gott könnten unterschiedlicher nicht sein als sie uns in diesen beiden Kapiteln begegnen. Gemeinsam ist beiden Texten das Vertrauen zu dem einen Gott, der freilich in Gen 1 und in Gen 2 in unterschiedlicher Weise dargestellt wird.

Zwischenauswertung

Das Problem, das wir heute mit diesen unterschiedlichen Texten haben, löst sich schnell auf, wenn wir uns von der Vorstellung verabschieden, dass die fünf Bücher Mose (Pentateuch) oder auch nur das Buch Genesis von Gott selbst einem Schreiber diktiert worden seien. Die historische Bibelwissenschaft hat bereits vor mehr als 200 Jahren erkannt, dass selbst das Buch Genesis, wie es uns heute vorliegt, das Ergebnis einer langen Reihe von Bearbeitungen darstellt, bei der Texte unterschiedlicher Art und unterschiedlichen Alters zu einem Gesamtkonzept zusammengefügt worden sind. Aus unseren Beobachtungen konnten wir erkennen, dass wir es in Gen 1 und Gen 2 mit Texten zu tun haben, die unterschiedlichen Kulturen entstammen, die auf unterschiedlichen theologischen Entwicklungsstufen stehen und die auch in unterschiedlichen literarischen Formen verfasst sind.

Gen 1 spiegelt die Welterfahrung von Menschen in Schwemmlandkulturen. Hier wird Wasser als ein bleibend lebensbedrohliches Element erfahren. Gen 2 reflektiert die Lebenserfahrung von Wüstenbewohnern, für die das Wasser die ersehnte Basis des Lebens darstellt.

Gen 1 ist das hoch reflektierte Produkt einer gebildeten Schicht, auf der Höhe der naturkundlichen und theologischen Erkenntnisse ihrer Zeit. Die Bibelwissenschaft vermutet die Verfasser in den führenden Priesterkreisen Israels. Die Verfasser haben einen weiten geistigen Horizont, sie kennen die Schöpfungsmythen der Schwemmlandvölker und sie haben die geistige Kraft, in den anerkannten kosmischen Vorstellungsformen der Großkulturen ihrer Zeit das Profil des spezifisch israelitischen Verständnisses von Gott, Welt und Mensch zum Ausdruck zu bringen. Die Entstehungszeit des Textes lässt sich nicht auf das Jahrzehnt genau feststellen. Er dokumentiert aber ein theologisches Niveau, das etwa um die Mitte des 1. Jahrtausends v. Chr. erreicht war. – Gen 2 weist mit seiner anthropomorphen Vorstellung, mit der Beschränkung auf die kleine Welt, deren Leben ganz vom Regen abhängt, und mit seiner unbefangenen frischen Erzählweise in die frühe Zeit Israels. Die Geschichte wird kaum vor der Staatenbildung Israels um 1000 v. Chr. aufgeschrieben worden sein, sie enthält aber weitaus ältere Elemente der Überlieferung, auf die hier nicht näher einzugehen ist. Diese gegenüber Gen 1 ältere Überlieferung ist von späteren Bearbeitern in die jüngere, aber weiter angelegte Schöpfungsgeschichte von Gen 1 integriert worden. Eben dieser literarische Vorgang lehrt uns etwas sehr Wichtiges.

Schlussfolgerung

Den Bearbeitern der beiden Texte konnte – wie auch uns – nicht entgangen sein, dass darin die Anfänge der Welt und des Menschen auf ganz unterschiedliche Weise vorgestellt werden. Sie haben den älteren Text, Gen 2, aber weder als überholt weggelassen, noch haben sie versucht, ihn an die kosmischen Vorstellungen von Gen 1 anzugleichen. Das hätten sie aber tun müssen, wenn sie diese Texte als naturkundliche Dokumente verstanden hätten, weil es ja nicht zwei unterschiedliche Anfänge geben kann. Das Nebeneinander unvereinbarer naturkundlicher Vorstellungen in Gen 1 und Gen 2 zeigt uns an, dass der Sinn dieser Texte nicht in den naturkundlichen Vorstellungen liegen kann und auch später nicht da gesehen wurde, sondern dass er in der theologischen Botschaft zu suchen ist, die nicht an naturkundliche Vorstellungen gebunden ist, sondern auf ganz unterschiedliche Weise ihren Ausdruck finden kann. Die Verheißung, dass Gott dem alle Zeit bedrohten Menschen nahe ist, erweist sich als das Bleibende und Wesentliche jenseits aller Vorstellungen von der Entstehung des Universums.

Der Stellenwert der Schöpfungsgeschichten im Alten Testament

Die zentrale Rolle, die das Wort «Schöpfung» selbst in der säkularen Umweltdebatte heute spielt, kann den Schluss nahelegen, dass Schöpfer und Schöpfung auch im Zentrum alttestamentlichen Glaubens stehen. Das ist jedoch nicht der Fall. Die Schöpfungstexte Gen 1 und 2 stehen zwar an hervorragender Stelle am Beginn der alttestamentlichen Schriften, sie bleiben aber auffallend isoliert und am Rande. Zwar wird Gott immer wieder als der Herr des Himmels und der Erde gepriesen, der über Sonne, Mond und Sterne, über Wolken, Wind, Wasser und über alles, was lebt, gebietet, aber ein Glaube an die Schöpfung oder an den Schöpfer ist nicht zu finden. Die Frage, wie Gott die Welt erschaffen hat, ist für Israel keine Frage des Glaubens, sondern bildet den unbefragten Hintergrund des jeweiligen Naturverständnisses, das Israel mit seinen Nachbarn teilt. Deshalb kann es für einen bestimmten Schöpfungsprozess auch kein Glaubenszeugnis geben. Die Bibelwissenschaftler weisen darauf hin, dass das Verb «glauben» im Alten Testament niemals auf den Schöpfer oder auf den Schöpfungsvorgang bezogen wird. In den Glaubensbekenntnissen des Alten Testaments ist auch nirgendwo vom «Glauben an den Schöpfer» die Rede.

Schöpfung im Neuen Testament

Das Neue Testament übernimmt mit den alttestamentlichen Schöpfungsvorstellungen auch die Gewissheit, dass Gott der Herr des Himmels und der Erde ist. Jesus und die ersten Jüngergenerationen teilen die Vorstellung ihrer Zeit über die Anfänge von Welt und Mensch. Der Apostel Paulus übernimmt sogar eine alte Gottesformel der stoischen Philosophie. Er schreibt: «Aus ihm und durch ihn und auf ihn hin ist alles» (Röm 11,36). Das Wie des Schöpfungsvorgangs bleibt auch hier offen; es ist kein Gegenstand des

Glaubens oder des Bekenntnisses. Paulus betont aber mit den Stoikern: «Gottes unvergängliche Kraft und Gottheit wird seit der Erschaffung der Welt mit der Vernunft an seinen Werken wahrgenommen» (Röm 1,20).

In neutestamentlicher Zeit gilt es in allen zeitgenössischen und religiösen Strömungen als selbstverständlich, dass das Universum ein Werk Gottes ist, obwohl man sich Gott auf sehr unterschiedliche Weise vorstellte. In christlichen Texten wird lediglich hervorgehoben, dass stets der eine Gott gemeint ist. «Wendet euch ab von diesen nichtigen Göttern, dem lebendigen Gott zu, der den Himmel gemacht hat und die Erde und das Meer und alles, was darin ist» (Apg 14,15).

Der nächste Schritt im Schöpfungsverständnis wird ebenfalls von Paulus vollzogen. Er spricht Jesus die Funktion des Schöpfungsmittlers zu, der in seiner Präexistenz alles geschaffen hat, was ist. An die Korinther schreibt er: «Auch wenn da vieles ist, was Gott genannt wird, sei es im Himmel, sei es auf der Erde ... so gibt es für uns doch nur *einen* Gott, den Vater, von dem her alles ist und wir auf ihn hin, und *einen* Herrn, Jesus Christus, *durch den alles ist* und wir durch ihn» (1Kor 8,5f).

Schöpfung und Schöpfer werden vergegenständlicht

Als das Christentum in die Welt des Hellenismus eintrat, musste es sich mit deren vielfältigen philosophischen und religiösen Entwürfen der Weltentstehung auseinandersetzen und dabei versuchen, das Profil des eigenen Schöpfungsverständnisses zu bewahren und dieses für die Menschen der hellenistischen Kultur verständlich zu artikulieren. Die christliche Theologie musste sich, um in der hellenistischen

Welt verständlich und mit ihr auf Augenhöhe zu bleiben, der hellenistischen Begriffe und Denkweisen bedienen. Sie hat dabei Denkformen übernommen, die den biblischen Inhalten nicht gemäß waren. In diesem geistigen Klärungsprozess hat die Kirche eine komplizierte Trinitätslehre entwickelt.

Im Zuge der Transformation biblischer Inhalte in die Sprachstandards der hellenistischen Kultur sind die im biblischen Schöpfungsverständnis dominierenden Erkenntnisse zum Treueverhältnis zwischen Gott und Mensch zu Faktenaussagen über den Schöpfer und seine Schöpfung umgebildet worden. In dem 381 beschlossenen Glaubensbekenntnis (Nicäno-Constantinopolitanum) heißt es: «Wir glauben an *einen* Gott, den Vater, den Allmächtigen, *Schöpfer* des Himmels und der Erden, all des, was sichtbar ist und unsichtbar.» Diese Vergegenständlichung von Schöpfung und Schöpfer hat schließlich dazu geführt, dass der Schöpfer im Sinne von ARISTOTELES als die «erste Ursache» (causa prima) und als die «Ursache seiner selbst» (causa sui) in einem Weltentstehungsprozess verstanden wurde.

Bereits in der zweiten Hälfte des zweiten Jahrhunderts hat der Apologet TATIAN den Gedanken der «*Schöpfung aus dem Nichts*» (creatio ex nihilo) ins Gespräch gebracht und auch in die Schöpfungsgeschichte Gen 1 hineininterpretiert. Wo Schöpfer und Schöpfung zu einem Faktenwissen vergegenständlicht und zu naturkundlichen Aussagen werden, da werden die theologischen Töne, die den biblischen Schöpfungsgeschichten ihren Klang und ihren Sinn gegeben haben, in den Hintergrund gedrängt, und die naturkundlichen Aussagen erhalten den Rang eines Bekenntnisses.

Der religiöse Gehalt des Schöpfungsgedankens

In den Schöpfungserzählungen der alten Kulturen tritt uns jeweils deren verdichtetes kollektives Welt- und Selbstverständnis entgegen. In diesen Erzählungen bilden religiöse Bekenntnisse, philosophische Spekulationen, sprachliche Logik und naturkundliche Beobachtungen eine Einheit. Diese findet ihren angemessenen Ausdruck in einer poetischen Gestalt, und ihre Inhalte werden auch über diese poetische Gestalt von Generation zu Generation erzählend vermittelt. Jeder Hörer und jede Leserin muss dieser poetisch verschlüsselten Aussage die theologische Botschaft abhorchen, denn die poetische Redeweise gibt ihre Botschaft erst durch Interpretation frei. Die angemessene Weise des Verstehens kann daher nicht darin bestehen, den Text als Faktenmitteilung wörtlich zu nehmen. Die europäische Kulturgemeinschaft hat in einem 2000 Jahre währenden Prozess gelernt, religiöse, philosophische, sprachliche und naturkundliche Elemente der Schöpfungserzählungen voneinander zu trennen und eigenständig weiterzuentwickeln und zu bewerten. Das hilft uns, die religiöse Botschaft herauszuarbeiten.

Wir konnten erkennen, dass es in Gen 1 und Gen 2 nicht darum geht, objektivierend eine göttliche Schöpferpersönlichkeit zu behaupten, die im naturwissenschaftlichen Sinn als Urgrund oder als Erstursache des Universums zu verstehen ist. Die biblischen Texte betonen das Gegenüber von Schöpfer und Schöpfung/Geschöpf. Das ist ein metaphorisches Sprachspiel. In dieser Sprachform artikuliert sich das *Selbstverständnis* des Menschen in seiner Welt. Sie bringt zum Ausdruck: Wir haben unser Leben nicht aus uns selbst. Wir verdanken es einer Wirklichkeit, über die wir nicht verfügen (Schöpfer), und wir sind zusammen mit anderen in eine Lebenswirklichkeit (Schöpfung) hineingestellt, für die jeder Verantwortung trägt.

In dieser Lebenswelt sind wir aber nicht Fremde, nicht Ausgesetzte, nicht Verlorene, die einer abstrakten oder kalten Weltvernunft oder gar dem Nichts gegenüberstehen. Als Geschöpfe können wir Vertrauen haben in ein Leben, das uns geschenkt worden ist. Dieses Vertrauen wird vertieft und befestigt, indem der Schöpfer, der alles umschließt, als «Vater» gekennzeichnet wird. Nach christlichem Verständnis wird das Gegenüber, für das wir die Metaphern «Schöpfer», «Vater» und «Gott» haben, von Jesus als die Liebe offenbar gemacht, die uns umgibt, die uns stets nahe ist und die uns selbst zur Liebe stark macht.

Der Gedanke, dass wir Geschöpfe in einer Schöpfung sind, macht uns bewusst, dass wir mit aller Natur und aller Kreatur in einer Schicksalsgemeinschaft leben, deren Gestalt und Weg wir auch durch unser Tun mitverantworten. Christlicher Schöpfungsglaube redet also nicht abstrakt und distanziert davon, wie die Welt entstanden ist. Er redet davon, wie wir unser Leben in unserer Welt verstehen und führen wollen. Er konfrontiert uns mit elementaren Urfragen des Menschen: Was sind die Gaben, die mir geschenkt sind, und wie und wozu werde ich sie in meiner Welt einsetzen? Wie soll und wie werde ich mich zu meinen Mitgeschöpfen und zu der Schöpfung verhalten, in die ich eingebunden bin und die zugleich die Lebensbasis für meine Mitgeschöpfe ist, und zwar nicht nur jetzt, sondern weit über meine begrenzte Lebenszeit hinaus. Meine Antwort und die Art, in der ich meine Verantwortung wahrnehme, ist nicht gleichgültig. Denn das eigene Leben und der Gang der Dinge in meiner Welt werden auch von meinen Antworten abhängen. Gewiss ist so viel: Wo Menschen ihre geschöpfliche Verantwortung aus dem Geist des Schöpfers wahrnehmen, da bleiben Geschöpfe und Schöpfung auf gutem Weg.

In unserem Zusammenhang können nicht alle Facetten des Themas Schöpfung beleuchtet werden. Aber neben dem Blick auf das Selbstverständnis des Menschen, das sich in der Metapher von der Schöpfung ausspricht, soll auch noch ein zentraler Punkt des *Weltverständnisses* hervorgehoben werden, das uns besonders in der Schöpfungsgeschichte Gen 1 begegnet. Indem unsere Welt als das Werk eines einzigen Schöpfers gesehen wird, ist eine neue Basis für den Umgang mit allem entstanden, was wir Welt nennen. Gestirnen, Begebenheiten, Erscheinungen und Gesetzmäßigkeiten der Natur ist der Charakter und auch die Macht des Göttlichen genommen. Die Welt ist nicht mehr der Tummelplatz von numinosen Mächten, Dämonen, Geistern und Göttern, vor denen Menschen Angst haben müssen. Die entgöttlichte Welt ist in einem ganz profanen Sinn Natur geworden, die man nüchtern auf ihr Eigenleben hin betrachten, beobachten und auch erforschen kann.

Der Schöpfungsgedanke muss gegenüber anderen Weltverständnissen artikuliert werden

Juden und Christen haben ihr Verständnis von der Profanität alles Weltlichen grundsätzlich gegen alle Weltverständnisse durchgehalten, in denen die geschaffene Welt doch wieder mit göttlichen Qualitäten aufgeladen erschien. Das waren und sind die vielen Varianten des Dynamismus, des Polytheismus und des Volksglaubens, von denen den Gegenständen und Prozessen unserer Welt magische, übermenschliche oder übernatürliche Kräfte zugesprochen werden. Gegenüber der Weltnüchternheit des Schöpfungsglaubens erwiesen sich auch jene unterschiedlichen philosophischen Konzepte als spekulativ, welche in den Dingen unserer Welt Ausstrahlungen (Emanationen) des Göttlichen sahen oder die Gegebenheiten unserer Welt als das Werk gegengöttlicher Kräfte interpretierten (dualistische Religionen oder Philosophien).

Das biblische Schöpfungsverständnis ist in den christlichen Kirchen im Kern erhalten geblieben, aber in der Auseinandersetzung mit anderen Weltverständnissen phasenweise auch von fremden Gedanken gefärbt, von ihnen akzentuiert oder gar verfremdet worden. Davon ist hier im Einzelnen nicht zu reden. Christliche Theologie muss die Kraft haben, sich immer neu am biblischen Zeugnis zu orientieren und, wo es nötig ist, Gedanken wieder loszulassen, die diesem Zeugnis nicht gemäß sind. Insofern kann es kein zeitlos normatives christliches Weltverständnis im Sinne einer kirchlichen Lehre geben.

Was mit dem Begriffsfeld Schöpfer – Schöpfung – Geschöpf gemeint ist, das muss der christliche Glaube stets im Kontext und in der Auseinandersetzung mit dem Weltverständnis je seiner Zeit herausarbeiten, profilieren und verständlich formulieren. Die Verfasser von Gen 1 haben Israels Bekenntnis zu dem einen Gott, das nach Gen 2 im Weltverständnis von Wüstennomaden formuliert war, im Horizont und auf der geistigen Höhe altorientalischen Weltverständnisses ihrer Zeit neu formuliert und damit eindrucksvoll aktualisiert. Eben diese Transformation ist angesichts einer jeden Veränderung im Weltverständnis neu zu leisten. Das ist zwar oft, aber nicht immer, in zureichender Klarheit geschehen. Vor allem aber sind im Laufe der

Jahrhunderte dem Bekenntnis zu dem einen Gott und Herrn Aussagen hinzugefügt worden, die nicht in diesem Zeugnis begründet sind, sondern einem bestimmten Zeitgeist entstammen. Das soll im Folgenden an einem Beispiel verdeutlicht werden.

Schöpfung aus dem Nichts?

In den Weltschöpfungsvorstellungen (Kosmogonien) der Alten Welt beginnt Schöpfung nicht mit der Erschaffung von Materie, sondern mit der Erschaffung von Ordnung, die in die bereits vorhandene Materie gebracht wird. In der alten Weltvorstellung Israels nach Gen 2 wird das Universum sogar schon vorausgesetzt. Im Blick ist hier lediglich die Erschaffung der menschlichen Lebenswelt. Auch in Gen 1 ist das lebensfeindliche Wasserchaos bereits vorhanden, und die Schöpfung beginnt damit, dass Gott in diesem Wasserchaos einen Freiraum für das Leben schafft. Die Frage, woher die ungeordnete Materie gekommen ist, stellte sich in dieser Zeit noch nicht. Sie spielte auch für das Bekenntnis zu dem einen Gott keine Rolle. Den alttestamentlichen Texten ist die Vorstellung unbekannt, dass Gott ein Etwas aus dem Nichts geschaffen hat.

Der Gedanke, dass Gott aus dem Nichts erschafft (creatio ex nihilo), taucht erstmalig im 2. Makkabäerbuch auf, aber dort nicht programmatisch, sondern nebenbei. Eine Mutter tröstet ihren Sohn im Angesicht seines Todes mit den Worten: «Schau dir den Himmel und die Erde an; sieh alles, was es da gibt, und erkenne: Gott hat das aus dem Nichts erschaffen» (2Makk 7,28). Die Makkabäerbücher wurden um 100 v. Chr. von einem palästinensischen Juden verfasst.

Im 2. Jahrhundert ist die Formel von der Erschaffung aus dem Nichts bereits in christlichen Texten anzutreffen (bei JUSTIN † 165, THEOPHILOS VON ANTIOCHIEN † 181/91, TERTULLIAN † 225). Dies ist ein Ausdruck dafür, dass sich in der Auseinandersetzung mit hellenistischen Kosmogonien und Kosmologien der Schwerpunkt des christlichen Schöpfungsverständnisses zu verschieben begann. Ging es im biblischen Verständnis um die Antwort auf die Frage, *wer* der Gott ist, dem wir Menschen das Leben verdanken, so fragten die spätantiken philosophischen Kosmologien danach, wem im Schöpfungsgeschehen der Vorrang zu geben ist: der Materie oder dem Schöpfer.

Der lateinische Dichter LUKREZ († 55 v. Chr.) hatte in seinem Lehrgedicht «Über die Natur» den Lehrsatz aufgestellt, «dass aus Nichts nichts wird, selbst nicht durch den Willen der Götter» (de nihilo nihil). Diese These ist damals bereits vier Jahrhunderte alt. Sie stammt von dem griechischen Philosophen ANAXAGORAS (ca. 500–428). Gegenüber diesem in der hellenistischen Welt weithin geltenden Grundsatz brachten christliche Denker die Souveränität Gottes demonstrativ mit der Formel zum Ausdruck, Gott habe die Welt aus dem Nichts erschaffen. Das mochte als Bekenntnis zur Vollmacht Gottes in jener Zeit einen guten Sinn haben. Aber indem sich die christliche Theologie auf diese rationale Fragestellung überhaupt einließ, geriet die religiöse Dimension der biblischen Schöpfungstexte aus dem Blick und die naturkundliche Frage nach dem Vorrang von Schöpfer oder Materie rückte in den Vordergrund. Die Theologie hatte sich damit auf ein Feld begeben, auf dem sie vom Glauben her keine Kompetenz hatte und auf die Dauer nur verlieren konnte.

Seit der Zeit des Hellenismus galt es freilich als selbstverständlich, dass die Welt auf ein – wie auch immer – vorgestelltes göttliches Prinzip zurückzuführen ist. In diesem Kontext blieb der Gedanke der creatio ex nihilo länger als ein Jahrtausend plausibel.

Gottes Erschaffung der Welt aus dem Nichts wurde als Lehre erst durch THOMAS VON AQUIN († 1274) theologisch in das kirchliche Lehrsystem eingebunden. Der für die kirchliche Lehre Maßstäbe setzende Kirchenlehrer hat mit einer platonisch variierten Lehre des griechischen Philosophen ARISTOTELES († 324 v. Ch.) Gott zur universalen Erstursache erklärt. Das Erste Vatikanische Konzil von 1870 hat beschlossen, dass mit dem «Anathema» (Kirchenfluch) belegt wird, «wer nicht bekennt, dass die Welt und alle Dinge … von Gott aus nichts (ex nihilo) hervorgebracht wurden» (Denzinger 3025). Das wird bis in die jüngsten Dokumente durchgehalten. Nach dem Weltkatechismus der katholischen Kirche von 1993 ist es eine Glaubenswahrheit, dass der dreieinige Gott «das einzige, unteilbare Schöpfungsprinzip» ist (KK 316).

MARTIN LUTHER hat im Kleinen Katechismus das christliche Bekenntnis wieder auf das biblische Schöpfungsverständnis konzentriert. Er sagte: «Ich glaube, dass *mich* Gott geschaffen hat samt allen Kreaturen.» Die theologische Kosmologie seiner Zeit mit ihren naturkundlichen Aussagen über die Entstehung der Welt klammerte er aus. Er lenkte, ohne kosmologische Spekulation, den Blick wieder auf das Selbstverständnis des Menschen seinem Schöpfer gegenüber, und er sah in diesem Gegenüber von Schöpfer und Geschöpf auch die Verantwortung des Menschen für seine Mitgeschöpfe begründet. Danach geht es im biblischen Verständnis von Schöpfung gar nicht darum, Gottes Allmacht zu erweisen, indem man ihm die Fähigkeit zuspricht, die Welt aus dem Nichts erschaffen zu haben. Das Stichwort «Schöpfung» im christlichen Sinn konfrontiert mich ganz persönlich mit den Grundfragen meiner Existenz: Woher komme ich? In welcher Wirklichkeit gründe ich mich? Aus welchem Geist kann und will ich mein Leben bestehen? Worauf setze ich mein Vertrauen? Wie verstehe ich mein Verhältnis zu der Welt, in die ich hineingeboren bin, zu meinen Mitmenschen, zu meinen Mitgeschöpfen? Wie soll und werde ich mein Leben gestalten? Angesichts dieser Fragen, die ganz konkret je meine Existenz betreffen, erweisen sich die Begriffstüfteleien, die um das Stichwort creatio ex nihilo bis heute geführt werden, als abstrakt, als randständig und als verzichtbar. Sie sind Symptome für eine Theologie, die keine kosmologischen Aussagen mehr machen möchte, die aber nicht den Mut hat, jene Begriffe aufzugeben, die kosmologische Behauptungen enthalten und nahelegen.

Welt in der Sicht der Naturwissenschaften

Naturverstehen vor der Zeit der Naturwissenschaften

Wir erklären uns Welt in Modellen

Seit es Menschen gibt, die über sich selbst und über ihr Sein in der Welt nachdenken, wird auch die Frage gestellt, wie es kommt, dass nicht nichts ist, sondern ein Gebilde wie unsere Welt existiert. In allen alten Religionen wird die Antwort auf die Frage nach dem Ursprung unserer Welt in der Gestalt von Erzählungen (Schöpfungsmythen) gegeben. So unterschiedlich die Antworten sein mögen: gemeinsam ist ihnen, dass alle Modelle von Weltentstehung der Anschauung jener Lebenswelt entnommen sind, in der die Menschen sich bereits vorfinden. Menschliches Denken kann gar nicht anders, als sich das Unbekannte in Modellen des Bekannten vorzustellen.

Schöpfungsmythen sind Denkmodelle

Wir hatten gesehen: die Hochreligionen der Alten Welt sehen das Universum durch Götter hervorgebracht. In ihren Schöpfungsmythen kommt zum Ausdruck, wie Menschen ihre Welt und sich selbst in ihr verstanden. Diese Erzählungen geben Antwort auf die beiden elementaren menschlichen Fragen nach dem Sinn und dem Grund des Daseins. Im Handeln der Götter wird der Sinn und der Grund von Welt, von Völkern, von Geschichte und von Menschsein offenbar. Was im Mythos als vorzeitiges oder als urzeitliches Geschehen erzählt wird, das hat sinnstiftende und bleibende Bedeutung für jede Gegenwart und wird in diesem Sinn als «wahr» erfahren.

Denkmodelle sind in Gesamtparadigmen eingebettet

Was ist ein Paradígma? Das Wort kommt aus dem Griechischen. Es bedeutet «Beispiel» und «Muster». Auf eine ganze Kultur bezogen, versteht man unter einem Paradigma ganz allgemein das Grundmuster der leitenden Vorstellungen, nach denen in einer Kultur die Menschen ihre Welt und sich selbst verstehen und dieses Verständnis ausdrücken.

Im Bereich polytheistischer und polydämonischer Religionen sieht man die Welt und das menschliche Leben gewirkt und gelenkt durch das Handeln der Götter oder magischer Kräfte. Die Denkmodelle, in denen sich die Menschen ihre Welt und ihr Leben vergegenwärtigen, entsprechen dem Paradigma und sind insofern für alle Mitglieder dieser Kultur unmittelbar plausibel.

Das Paradigma des Mythos

Die Religionen der Alten Welt artikulieren sich alle im Paradigma des Mythos. Gott und Welt bilden hier eine Einheit, ohne aber miteinander identifiziert zu werden. In den Worten und Taten der Götter kommt das Verständnis von Welt und Mensch zur Sprache. Die Götter werden zwar anthropomorph (menschengestaltig) oder theriomorph (tiergestaltig) vorgestellt; sie werden aber nicht als eigenständige jenseitige Wesenheiten wahrgenommen, die der Welt gegenüberstehen, sondern als die Lebenswirklichkeiten verstanden, mit denen es der Mensch in seiner Welt zu tun hat.

60

Wir sagen aus der Außensicht: Die Götter stehen für bestimmte Lebensbereiche oder repräsentieren sie. Aus der Innensicht stehen sie eher für die Begegnung mit dem Göttlichen, in dem, was sich in der erfahrbaren Wirklichkeit ereignet und dem Menschen darin begegnet und widerfährt.

Israels Monotheismus sprengt das mythologische Paradigma

Israel bekennt sich zu dem einen und einzigen Gott. Die Gestirngötter werden zu Lampen degradiert (Gen 1). Die Götter und Götterbilder der Nachbarvölker werden zu Nichtsen erklärt. «Sieh, sie alle sind nichtig, nichts sind ihre Werke, Wind und Nichts ihre gegossenen Bilder» (Jes 41,29 – Zeit des babylonischen Exils). Indem der eine Gott als der Schöpfer verstanden wird, der seiner Schöpfung gegenübersteht, ist zwar der polytheistische Hintergrund überwunden, aber die mythologische Denkweise als Anschauungsform beibehalten.

Das Paradigma der griechischen Naturphilosophie

Der Wechsel zu einem nichtmythischen Paradigma wird in Griechenland vollzogen, und zwar in Gestalt einer ganzen Reihe unterschiedlicher, ja gegensätzlicher Entwürfe, die aber eines gemeinsam haben: Gott wird nicht mehr anthropomorph, gegenständlich und personal verstanden, sondern abstrakt als ein transzendentes Seiendes. Der Götterglaube wird zunächst offen als menschliche Projektion kritisiert und später gar nicht mehr diskutiert. XENOPHANES (580–485 v. Chr.), der früheste Religionskritiker, schreibt: «Die Äthiopier stellen sich die Götter schwarz und stumpf-

nasig vor, die Thraker dagegen blauäugig und rothaarig, ...
wenn Kühe und Pferde oder Löwen Hände hätten ..., dann
würden Pferde pferde-, die Kühe kuhähnliche Götterbilder
malen ...» XENOPHANES postuliert einen einzigen Gott,
der freilich nichts Menschliches an sich hat, sondern sich
als perfekte Kugelform darstellt, ein Gott zudem, der unveränderlich, unvergänglich, jeglichem Leid entrückt ist und
das größte, mächtigste und weiseste Seiende darstellt, das
gedacht werden kann. Dieser von allen polytheistischen
Vorstellungen gereinigte Monotheismus sollte zum Leitbild
des abendländischen Gottesverständnisses werden. Es wurde erst nach mehr als zwei Jahrtausenden erkannt, dass wir
es auch hier mit einer menschlichen Projektion zu tun
haben.

PARMENIDES (539–480 v. Chr.), Schüler des XENOPHA-
NES, geht noch einen entscheidenden Schritt über seinen
Lehrer hinaus. Er streift nicht nur die anthropomorphen
Anschauungsformen aus dem Umgang mit den griechischen Göttern ab; er schließt sogar alle Elemente der Erfahrung aus und lässt allein das Denken als den Weg zur
Wahrheit gelten. Selbst die Bezeichnung «Gott» wird ver-
mieden. Was XENOPHANES noch «Gott» nennt, das bezeichnet PARMENIDES als das «Sein». Er entfernt alles Indi-
viduelle aus dem Seinsverständnis und setzt die Wahrheit
des Seins mit der äußersten Abstraktion des Denkens gleich.
Wie die reinen Begriffe, so stellt sich ihm auch das Sein als
unveränderlich, als überzeitlich, als ungeworden und als
ewig dar. Auf diese Weise ergeben sich zwei Welten: die
Welt der Sinneserkenntnis und der Erfahrung, in der wir
unseren Alltag leben, und die Welt der Verstandeserkennt-
nis; das ist die Welt des Seins und der ewigen Wahrheit.
Diese Zweiteilung der Welt sollte die Gestalt der Philoso-

phie, der Theologie und der Kultur des Abendlandes ebenfalls tiefgreifend prägen.

Das Paradigma des philosophischen Naturdenkens

Seit dem 6. Jahrhundert v. Chr. treten in Griechenland eigenständige Denker der Religion ihrer Zeit und deren religiöser Weltdeutung kritisch und mit eigenen Konzepten des Weltverständnisses gegenüber. Sie sehen mit kritischer Distanz, dass die Götterkulte die erfahrbare Welt von göttlichen Ereignissen in einer mythischen Urzeit her deuten, also göttliches Handeln und weltliches Geschehen miteinander verbinden: Der Ursprung unserer Welt wird auf einen Götterkampf oder auf einen göttlichen Schöpfungsakt zurückgeführt.

THALES VON MILET (etwa 625–545 v. Chr.), der von ARISTOTELES als «Vater der Philosophie» bezeichnet wird, fragt ebenfalls nach dem Ursprung der Welt. Er antwortet aber nicht mit einem Mythos von der Weltentstehung, sondern sucht den «Urgrund für alles Sein» in der Welt selbst. Das Verständnis Gottes bleibt davon unberührt. THALES sieht im Wasser das Ursprungselement der Welt. Nicht Gott und dessen Handeln, sondern ein irdisches Element ist für ihn letzte Ursache und Erklärungsgrund für alles, was ist. In allem lässt sich zwar auch Gott finden, und Gott gibt der Welt und dem Leben seinen Sinn, aber kausal betrachtet, ist für THALES der Urgrund der Welt ohne Gott begründbar.

ANAXIMENES (585–528 v. Chr.) sieht die Welt aus Luft entstanden. HERAKLIT (535–475 v. Chr.) findet die Welt im Urfeuer und in einem immanenten Gesetz des Werdens begründet. Dieses «Weltgesetz» (*logos*) kann er mit Gott oder mit dem Göttlichen gleichsetzen, ohne freilich damit eine transzendente oder persönliche Größe zu verbinden. EMPEDOKLES (etwa 492–432 v. Chr.) nimmt vier Ursubstanzen an. Für ihn ist alles Sein durch Mischung und Trennung aus Feuer, Wasser, Luft und Erde entstanden.

ANAXIMANDER (etwa 610–545 v. Chr.), Nachfolger des THALES, erkennt das Ursprünglichste in der Materie selbst. Ihr spricht er unbegrenzte und unendliche Möglichkeiten (*apeiron*) und die Kraft zu, Unbelebtes und Belebtes aus sich selbst hervorzubringen. Damit ist erstmals der Gedanke des Werdens und der Evolution ins Gespräch gebracht, und zwar als ein Prozess, der aus sich selbst hervorgeht. Gott ist damit nicht aus dem Spiel, denn der Urstoff wird als das Göttliche identifiziert. Das Göttliche lässt sich aber nicht als statische Größe festmachen, sondern es zeigt sich im Werden als gegenwärtig.

Neu an diesem Denkansatz der philosophischen Naturerklärung ist zweierlei: Zum einen ist es der Versuch, die natürliche Welt aus sich selbst zu erklären, ohne dabei auf Gottheiten oder übernatürliche Kräfte zurückzugreifen. Zum anderen ist hier die Welterklärung im Unterschied zum religiösen Schöpfungsmythos keine unbefragbare Wahrheit mehr, sondern ein Entwurf, der zur Diskussion steht. Beides richtet sich nicht gegen Religion und Gottesglauben. Es ist aber ein anderer Ansatz, den Ursprung und das Wesen der Welt zu verstehen. Innerhalb dieses Paradigmas sollte im Laufe der abendländischen Geistesgeschichte bis hin zu Hegel noch eine Vielzahl von Modellen zum Verständnis der Welt entworfen werden.

Bereits die alten Kulturen in Mesopotamien und in Ägypten haben Natur und Himmel beobachtet. Sie waren auch schon in der Lage, Himmelsereignisse vorauszusagen, ihren Ackerbau den Überschwemmungen anzupassen, erstaunliche Bauwerke zu errichten, Bier zu brauen, Tote zu konservieren, Hebelgesetze anzuwenden. Ihre Beobachtungen zielten aber nicht darauf, die Ursprünge und das Wesen der Welt zu verstehen. Sie suchten nach Techniken, um ihr Leben besser, sicherer und bequemer zu gestalten. Die genannten griechischen Philosophen hingegen befassten sich mit der Natur, um Ursprung, Wesen und Bau der Welt zu ergründen. Sie experimentierten auch nicht mit der Natur, sondern sie dachten über die Natur nach. Dabei dominierte die philosophische Spekulation.

Schritte zu einer Naturwissenschaft

Die ersten Schritte auf dem Weg zum Paradigma einer Naturwissenschaft werden ebenfalls bereits im vorchristlichen Griechenland unternommen. Von THALES an beschäftigen sich die griechischen Philosophen mit Fragen nach Ursprung und Anfang (*arché*) des Kosmos oder des Universums, wie wir seit dem 18. Jahrhundert das Weltall als den astronomischen Gesamtkosmos nennen. Philosophie, Theologie, Kosmologie und Naturbetrachtung bilden für viele Jahrhunderte eine Einheit. Es ist daher nicht auf Jahr und Person festzulegen, wann und wo sich eine konsequent naturbezogene Denkweise zu verselbstständigen beginnt.

Der Philosoph DEMOKRIT (etwa 460–370 v. Chr.) mag hier nur als Beispiel für eine neue Denkweise stehen. Sein Grundsatz ist die These, dass sich die physische Wirklichkeit aus Atomen zusammensetzt. Die Atome (von *átomos/* unteilbar) sind letzte und kleinste Bausteine der Materie. Sie nehmen Raum ein, sind undurchdringlich, sie haben Gewicht, sie sind ewig und unzerstörbar. Ihre Zahl ist unendlich. Alle Atome sind substanziell von gleicher Art, aber verschieden in Größe, Form und Anordnung. Da alle Atome von gleicher Art sind, sind auch alle Gegenstände des Kosmos qualitativ von gleicher Art. Die Dinge sind nur verschieden, weil sie aus verschieden vielen, aus verschieden großen, aus verschieden geformten und aus verschieden angeordneten Atomen bestehen. Die Qualität der Dinge beruht auf den Unterschieden quantitativer Art. Die Welt ist demnach nicht durch Eingriffe von Göttern zu erklären. Sie ist streng kausal festgelegt durch die Zahl der Atome und durch die Mechanik, nach der diese sich miteinander verbinden oder voneinander trennen. Die Welt ist somit rational durchschaubar, sobald man sie quantitativ und damit gemäß der Mechanik erfasst, der sie folgt. Diese quantitativ-mechanistische Naturbetrachtung sollte in der Kulturgeschichte des Abendlandes bis ins 20. Jahrhundert viele Anhänger finden.

PYTHAGORAS (570–496 v. Chr.), Arzt, Priester und Philosoph aus Samos erklärt: «Alles ist Zahl». Er sagt damit: Das Prinzip des Seienden ist nicht der Stoff, sondern die Form. Das Formgebende aber ist die Zahl. Das ist z.B. daran abzulesen, dass bestimmte Saitenlängen zu bestimmten Tönen führen, die sich in Zahlenverhältnissen ausdrücken lassen. So verhalten sich die Saitenlängen von Grundton und Oktave wie 2 : 1. Die Quart verhält sich zum Grundton wie 4 : 3, die Quint wie 3 : 2. Der Leitgedanke einer in Zahlen darstellbaren Sphärenharmonie bleibt länger als zwei Jahrtausende lebendig. Zweieinhalb Jahrtausende nach PYTHAGORAS sieht auch der Physiker WERNER HEISENBERG (1901–1976) die sinnvolle Ordnung der uns umgebenden Natur in dem mathematischen Kern der Naturgesetze begründet.

Solange Sonne und Mond als Götter galten, konnte der Gedanke gar nicht aufkommen, sie als Himmelskörper zu sehen und sie als natürliche Gegenstände zu erforschen. Das änderte sich mit dem Auftreten des ionischen Philosophen ANAXAGORAS (etwa 500–428 v. Chr.) in Athen. Er bestreitet, dass Sonne und Mond Götter sind, und er versteht die Sonne als glühenden, den Mond als kalten Steinhaufen. Das trägt ihm in der Stadt, die allenthalben mit Götterstatuen geschmückt ist, einen Prozess wegen Gottlosigkeit ein.

Die Gedanken des ANAXAGORAS und des PYTHAGORAS werden von deren geistigen Nachfahren weiterverfolgt. Sie greifen auf die Erfahrung zurück, dass auslaufende Schiffe am Horizont verschwinden, bis schließlich nur noch ihre Mastspitzen zu sehen sind. Wenn sich bei dieser Beobachtung die Erdoberfläche als gekrümmt erweist, legt das den Schluss nahe, dass die Erde insgesamt eine Kugel ist. Wie aber lässt sich das beweisen? Und wie groß soll man sich diese Erdkugel vorstellen? Diese Fragen lassen den mathematisch begabten Leiter der berühmten Bibliothek von Alexandrien ERATOSTHENES (276–192 v. Chr.) nicht los. Ihm ist ein Brunnen in der südägyptischen Stadt Syene bekannt, bei dem am Tag der Sommersonnenwende mittags um zwölf Uhr die Sonnenstrahlen bis auf den Grund fallen. D.h., dass die Sonne in diesem Moment genau senkrecht (im Zenit) über dem Brunnen steht. ERATOSTHENES veranlasst, dass zur selben Zeit in Alexandria, nördlich von Syene gelegen, der Schatten eines senkrechten Stabes gemessen wird, und stellt fest, dass die Sonne hier 7½ Grad unter dem Zenit steht. 7½ Grad sind $1/50$ des Vollkreises. Indem er die Entfernung zwischen Syene und Alexandria mit 50 multipliziert, ermittelt er den Umfang der Erdkugel, nämlich 38 000 km. Das kommt den modernen Messungen, die etwa 40 000 km ergeben, erstaunlich nahe. Aus der Zeit, die der Mond braucht, um bei Mondfinsternis den Erdschatten (gleich Erddurchmesser) zu durchlaufen, errechnet ERATOSTHENES anhand der Winkelverhältnisse auch den Durchmesser des Mondes und die Entfernung zwischen Erde und Mond.

Die natürliche Wahrnehmung führt uns Erdenbewohner zu dem Schluss, dass unsere Erde ein stabiler und unbewegter Ort sei, um den sich das Weltall mit seinen Gestirnen drehe (geozentrisches Weltmodell). Um so erstaunlicher ist es, dass PHILOLAOS VON KROTON schon im 5. Jahrhundert v. Chr. gegen den Augenschein die These aufstellte, dass sich die Erde um die Sonne drehe (heliozentrisches Weltmodell). ARISTARCHOS (geb. 310 v. Chr.) vervollständigte dieses Modell mit der weiteren These, dass sich die Erde außerdem alle 24 Stunden um die eigene Achse drehe.

Dieses heliozentrische Weltmodell blieb freilich für fünfzehnhundert Jahre eine geistige Episode der Antike. Aber nicht, weil die herrschenden Religionen diese Vorstellung nicht zugelassen hätten, sondern weil zu viele Wahrnehmungen diesem Modell widersprachen. Wenn sich die Erde um die Sonne und nicht um sich selbst dreht, so hätte man doch diese Bewegung oder mindestens einen ständigen Gegenwind spüren müssen. Für die Griechen galt es außerdem als ein ehernes Gesetz, dass alle Dinge zum Mittelpunkt des Universums strebten. Die Äpfel aber strebten zur Erde und nicht der Sonne entgegen. Dazu kamen weiter unerklärliche Bewegungen von Gestirnen.

Durchgesetzt hat sich das *geozentrische Weltbild,* das PTOLEMÄUS um 150 n. Chr. schriftlich zusammenfasste. Es entsprach dem Augenschein und der antiken Vorstellung, nach der die Erde der stabile Mittelpunkt des Alls ist und von allen Himmelskörpern in vollendeten Kreisbahnen umrundet wird. Gestützt wurde dieses Modell auch dadurch, dass man danach die Position und die Bewegungen jedes einzelnen Planeten mit damals überzeugender Genauigkeit vorhersagen konnte, und zwar besser als nach anderen Modellen.

Erwägungen, die das geozentrische Weltbild in Frage stellen, tauchen erst wieder in der späten Scholastik auf, und zwar nicht bei Philosophen oder Gegnern der Kirche, sondern bei einem der führenden Theologen seiner Zeit: Kardinal NIKOLAUS VON CUES (1401–1464) sieht die Erde nicht im Mittelpunkt des Alls, sondern als einen Stern unter Sternen. Das All habe gar keinen Mittelpunkt. Zu diesen Thesen kommt der Kardinal nicht durch Naturbeobachtung, sondern durch philosophisch-theologische Erwägungen. NIKOLAUS VON CUES ist ein Förderer der Naturwissenschaft und propagiert die mathematischen Methoden des Zählens, Messens und Wägens.

Das schon vor siebzehn Jahrhunderten entworfene *heliozentrische Weltmodell* wird von dem Domherrn und Amateurastronomen NIKOLAUS KOPERNIKUS (1473–1543) erneut ins Gespräch gebracht. In einer nur zwanzig Seiten umfassenden Schrift legt er 1514 die Grundsätze (Axiome) für seine Sicht des Universums vor. Für uns sind zwei seiner Vorabbehauptungen interessant. Zum einen stellt er fest, dass sich nicht die Sonne um die Erde, sondern die Erde im Laufe eines Jahres einmal um die Sonne dreht. Zum anderen behauptet er, dass sich nicht die Sterne um die Erde drehen, sondern dass sich die Erde um sich selbst dreht. KOPERNIKUS kann für seine Thesen keinerlei wissenschaftliche Beweise ins Feld führen. Er setzt die Sonne mehr aus ästhetischen Gründen denn aus physikalischen Überlegungen in die Mitte des Alls. Die Planeten sieht er nach antiker Tradition auf der perfektesten aller Formen, nämlich auf Kreisbahnen ziehen, und zwar nach göttlicher Ordnung. Die Thesen des Domherrn von Frauenburg, die das geltende Weltmodell auf den Kopf stellen, erregen aber weder bei den Fachgelehrten noch bei der Kirche Aufmerksamkeit. KOPERNIKUS arbeitet unbeachtet und unbehelligt weiter. 1543 veranlassen zwei lutherische Theologen (RHETIKUS und OSIANDER), dass das Grundwerk des KOPERNIKUS über die Umdrehungen der himmlischen Sphären gedruckt wird. Auch diese Veröffentlichung löst keine Reaktionen aus. Nach allgemeiner Überzeugung auch der Fachkreise hat das geozentrische Modell die besseren Argumente für sich. Erst als die nächsten Astronomen-Generationen dank der Erfindung des Fernrohrs die Beweise für das Weltmodell des KOPERNIKUS liefern, wird man sich bewusst, dass dieses Weltmodell nicht der Schöpfungsgeschichte von Gen 1 entspricht. JOHANNES KEPLER (1571–1630) und GALILEO GALILEI (1564–1642), die das heliozentrische Weltmodell verteidigen, werden von der Inquisition gezwungen, jene Beobachtungen und Überlegungen zu widerrufen, die Kopernikus bestätigen.

HANS KÜNG beschreibt für seine Kirche die Folgen so: «Nach der verhängnisvollen Exkommunikation LUTHERS und der Protestanten durch Rom kam es nach dem Fall GALILEI zur beinahe lautlosen Emigration der Naturwissenschaftler aus der katholischen Kirche und zum permanenten Konflikt zwischen Naturwissenschaft und der herrschenden Normaltheologie; Italien und Spanien, unter der Knute der Inquisition, blieben daher bis ins 20. Jh. ohne nennenswerten naturwissenschaftlichen Nachwuchs.» Das soll hier nicht näher ausgeführt werden. Sinnvoller ist es, danach zu fragen, wo das Konfliktfeld von Theologie und Naturwissenschaft zu suchen ist.

Das Paradigma einer entstehenden Naturwissenschaft

Es mag hier offen bleiben, an welcher Person man den Beginn der Naturwissenschaft festmachen will. Interessanter ist die Frage, was unter dem *Paradigma* zu verstehen ist, das wir mit dem Stichwort *Naturwissenschaft* verbinden. Ein neues Paradigma entsteht nicht zufällig; es entwickelt sich aus Strömungen und Tendenzen seiner Zeit und Kultur und beeinflusst seinerseits eben diese Strömungen und Tendenzen. Die Situation sei hier nur kurz skizziert.

Mit der Wende vom 13. zum 14. Jahrhundert vollziehen sich in Europa in vielen Bereichen *tiefgreifende Wandlungen*. Die weltliche Macht des Papsttums bricht zusammen. Weltliche und geistliche Macht treten auseinander. Selbst die Reichsidee verliert ihre Bindekraft und junge Nationalstaaten bilden sich. Das bislang vorherrschende Latein wird zunehmend durch Nationalsprachen abgelöst. Das scholastische Denken und damit auch die Philosophie des ARISTOTELES verlieren ihre allbeherrschende Kraft. Die Einheit von Weltweisheit und Theologie, die THOMAS VON AQUIN (1224–1274) so eindrucksvoll hergestellt hatte, löst sich auf; Glaube und Wissen, theologische und philosophische Wahrheit trennen sich. Das große Thema der Philosophie lautet nicht mehr «Gott und die Seele», sondern «Mensch und Kosmos». Der Mensch erkennt sich als ein geistiges Individuum und versteht sich als die Mitte der Welt. Die Kunst entdeckt das Porträt. Der Glaube des Einzelnen gewinnt durch die Reformation einen neuen Stellenwert. Die Entdeckung Amerikas 1492 und des Seewegs nach Indien 1498 weiten den Blick der Menschen für die irdische Ferne, und die Erfindung des Fernrohrs bringt den Kosmos näher. Die Erfindung der Buchdruckerkunst um 1450 durch GUTENBERG ermöglicht es, dass neue Gedanken und Ideen schnell verbreitet werden können.

Für den geistigen Umbruch steht bereits das heliozentrische Weltmodell des KOPERNIKUS. Astronomen wie TYCHO BRAHE, KEPLER, GALILEI u. a. haben ihre Beobachtungen und Berechnungen wohl auf ein bestimmtes Ziel hin und nach bestimmten Methoden betrieben, sie haben ihr Tun in kulturhistorischer Hinsicht aber weder reflektiert noch eingeordnet. Dies tut erst der englische Philosoph FRANCIS BACON (1561–1626). Er artikuliert gleichsam den neuen Geist der Zeit und skizziert das neue Paradigma für die Sicht und die Erforschung der Welt.

Als Ziel der Philosophie und der Wissenschaft galt seit ARISTOTELES die Schau der Wahrheit um ihrer selbst willen. BACON sah für die Naturwissenschaft ein anderes Ziel: Forschen, Entdecken und Erfinden sollen für den Menschen nützlich sein. Die Natur für sich nutzen kann man nur, wenn man ihre Gesetze kennt. Indem wir die Gesetze der Natur entschlüsseln, gewinnen wir Macht über sie. Darauf zielt Bacons Wort: «Wissen ist Macht». Mit dieser Sicht ist der Weg in die technische Zivilisation eröffnet.

Wer die Gesetze der Natur erkennen will, der muss sich – so BACON – zuerst von den Vorurteilen (Idolen) trennen, mit denen bisher die Natur betrachtet wurde. Zu diesen Vorurteilen gehörte die Neigung, in die Natur menschliche Züge hineinzusehen, sie mit den Augen antiker

Philosophen oder einer bestimmten Schule oder durch die eigene Brille zu sehen.

Zu nützlicher Naturerkenntnis kann man nach BACON nur kommen, wenn man die seit der Antike geübte Methode der Deduktion aufgibt, d.h. davon absieht, aus einem allgemeinen Satz über die Natur durch logische Ableitungen neue Erkenntnisse gewinnen zu wollen. Genau umgekehrt müsse man vorgehen, fordert Bacon, nämlich induktiv. Nicht vom Allgemeinen, sondern vom Einzelnen sei auszugehen. Am Einzelnen ist zu überprüfen, wie sich etwas verhält. Nur so könne man zu allgemeinen Aussagen kommen.

In dem Paradigma, dessen Umrisse sich hier abzeichnen, tritt der Forscher gleichsam aus der Natur heraus. Er stellt sich als forschendes Subjekt einem vorgegebenen Gegenstand gegenüber, den er als eigenständiges Objekt sieht und im Experiment oder durch Beobachtung überprüft. Dieses Subjekt-Objekt-Denkmodell bleibt bis in das erste Jahrzehnt des 20. Jahrhunderts in den Naturwissenschaften normativ.

Experimente und Beobachtungen wurden von den Astronomen des 16. und 17. Jahrhunderts noch unterschiedlich bewertet. TYCHO BRAHE (1546–1601) konzentrierte sich ganz und gar darauf, die Bewegungen der Himmelskörper genau zu beobachten. Er lieferte die Beobachtungsdaten, aus denen JOHANNES KEPLER (1571–1630) errechnen konnte, dass sich Planeten nicht auf Kreisbahnen um die Sonne bewegen, wie noch KOPERNIKUS annahm, sondern auf elliptischen Bahnen. GALILEO GALILEI (1564–1642), Zeitgenosse KEPLERS, konnte mit seiner Verbesserung des eben erst erfundenen Fernrohrs das heliozentrische Weltmodell des KOPERNIKUS sichtbar vor Augen führen. Papst URBAN VIII.

verfolgte die Arbeiten GALILEIS zunächst mit zustimmendem Interesse. Den fachgelehrten Gegnern GALILEIS gelang es aber, die Kirchenoberen in ihr Lager zu ziehen. So wurde er vor die Inquisition geladen, von ihr vorübergehend inhaftiert und dazu gezwungen, seine an KOPERNIKUS orientierten Lehren zu widerrufen.

GALILEI praktizierte das neue Paradigma der Naturwissenschaft konsequent. Er sah in der Mathematik die Sprache der Natur und im Experiment den Prüfstein der Wahrheit. Er verband in fruchtbarer Weise das Induktive des Experiments mit dem Deduktiven der Mathematik. Das Vertrauen in die Mathematik als Schlüssel zu aller Erkenntnis auch in der Methode wurde durch RENÉ DESCARTES (1596–1650) zusätzlich gestärkt.

KOPERNIKUS sah das Universum noch durch den Fixsternhimmel begrenzt. Der Dominikanermönch GIORDANO BRUNO (1548–1600) ging in einer kühnen Schau weit darüber hinaus. Für ihn ist das Universum unendlich. Es enthält sogar eine unendliche Zahl von Welten mit einer jeweils eigenen Sonne. BRUNOS Sicht lagen allerdings keine Beobachtungen zugrunde. Sie entsprach auch weder der zeitgenössischen Naturerkenntnis noch der geltenden Theologie, denn BRUNO verstand dieses unendliche All als das Unendliche, das er mit Gott gleichsetzte. Damit hob er freilich das Gegenüber von Schöpfer und Schöpfung auf. Einen ersten Blick in jenes unendliche Universum, das BRUNO nur geistig geschaut hatte, konnte GALILEI bereits durch sein Fernrohr tun; seine wahre Größe konnte er aber noch nicht erkennen. BRUNO endete auf dem Scheiterhaufen.

Der Drang zur Naturerkenntnis sollte aber trotz der Inquisition nicht mehr erlöschen. KEPLER hatte erkannt, dass sich die Planeten auf elliptischen Bahnen bewegen, aber er konnte nicht erklären, warum das so war. ISAAC NEWTON (1642–1726) fand die Antwort mit Hilfe des Denkmodells der «universellen Gravitation». Er erkannte, dass die von GALILEI entdeckten Fallgesetze der Erdphysik auch in den Bewegungen der Himmelskörper wirksam sind, und zwar als Anziehung der kleineren durch die größere Masse und andere Bewegungsgesetze. Damit war ein in sich schlüssiges System für eine «Himmelsmechanik» gefunden. Auf NEWTONS Grundkonzept einer stabilen Mechanik des Naturgeschehens baute die Physik ihr Gebäude bis zum Ende des 19. Jahrhunderts weiter aus. Zu Newtons Grundannahmen gehört auch die Vorstellung einer absoluten Zeit, die gleichförmig, ohne zu etwas in Beziehung zu stehen, fließt. Desgleichen nimmt er einen absoluten Raum an, der völlig unabhängig von irgendwelchen Gegenständen gleich und unbeweglich ist. Und schließlich postulierte er auch eine absolute Bewegung, die den absoluten Raum voraussetzt. Er nahm an, dass sich irgendwo in den Weiten des Weltenraumes ruhende Materiemassen befänden, auf die sich Bewegung bezieht und an denen sie sich messen lässt. Diese Grundsätze (Axiome), die für NEWTON so selbstverständlich waren, dass sie nach einer Begründung gar nicht verlangten, wurden von der physikalischen Forschung ebenfalls bis in den Beginn des 20. Jahrhunderts übernommen.

Die philosophischen Denker der Antike hatten bei ihrem Nachdenken über die Natur stets auch den Ursprung des Kosmos, die Kosmogonie, im Blick. Die Naturwissenschaftler des 16. und 17. Jahrhunderts konzentrierten sich auf die Erforschung der Gesetze, nach denen die Himmelsmechanik (LAPLACE) funktioniert (Kosmologie). Für Newton war es noch völlig selbstverständlich, dass der erste Anstoß zur Bewegung vom Schöpfer ausgegangen sein musste, ja, dass die Gesetzmäßigkeiten im Universum nur von ihm geschaffen sein konnten. Einen Widerspruch oder gar Gegensatz zwischen naturwissenschaftlicher Weltbetrachtung und den Gedanken an einen Schöpfer oder an eine Erstursache sah man noch nicht. Im Gegenteil, das Naturgeschehen mit seiner Ordnung schien geradezu auf einen überragenden Weltenbaumeister hinzudeuten. NEWTON sah die Aufgabe der Naturlehre darin, Gott vom Sichtbaren her zu erfassen. Er war wie seine zeitgenössischen Fachkollegen überzeugt, dass naturwissenschaftliches Forschen dazu beitrage, die Gedanken Gottes zu entschlüsseln. Diese Gewissheit war für viele Naturwissenschaftler sogar der Impuls ihres Forschens.

Gott wird aus der Naturwissenschaft ausgeklammert

Naturwissenschaft wird von Menschen betrieben, und Menschen sind eingebunden in Strömungen und Trends ihrer Kultur. Seit der Scholastik und bis in das 17. Jahrhundert gab es ein allgemein anerkanntes Nebeneinander von Vernunftwahrheit und Offenbarungswahrheit, wobei die Akzente unterschiedlich gesetzt sein konnten. Dieses Nebeneinander wurde im 18. Jahrhundert aufgekündigt, und zwar im Namen der Vernunft, der geistigen Erleuchtung. DIETRICH VON HOLBACH (1723–1789), einer der konsequentesten Vertreter der neuen Denkrichtung (Aufklärung) rief aus: «O Natur, Beherrscherin aller Wesen, und ihr, derselben angebete Töchter, Tugend, Vernunft und Wahrheit, seid zu allen Zeiten unsere einzigen Gottheiten, denen allein Weihrauch und Anbetung gebührt!» Etwas nüchterner: «Der Mensch ist ein Geschöpf der Natur … selbst in Gedanken kann er aus ihr nicht heraustreten.» Den

Aufklärern gilt die Vernunft als das Natürliche und das Natürliche als das einzig Wahre. In diesem Zirkel, in dem beides sich wechselseitig definiert und bestätigt, gibt es für Religion, Gott und Metaphysik keinen Platz mehr. Die Religion wurde der Kritik einer nicht gerade kundigen Vernunft unterzogen. Die radikalsten Vertreter der Aufklärung setzten ihren Vernunftglauben mit militantem Atheismus gleich. Am 10. November 1793 wurde die «Göttin der Vernunft» auf dem Hochaltar in Notre Dame von Paris inthronisiert.

Das Prinzip, alle nichtnatürlichen Überlegungen aus der Naturwissenschaft auszuschließen, setzte sich schnell und konsequent durch. IMMANUEL KANT (1724–1804), der nicht zu den bekennenden Atheisten gehörte, legte als Erster eine Theorie der Weltentstehung vor, in der er, ohne auf einen übernatürlichen Erstbeweger zurückzugreifen, auf mechanische Weise erklärte, wie die Himmelskörper entstanden und in Bewegung gekommen sind. Der französische Astronom und Physiker PIERRE SIMON LAPLACE (1749–1827) betonte demonstrativ, dass er die Hypothese Gott nicht nötig habe, um zu erklären, wie das Sonnensystem entstanden sei. KANT blieb weder bei der Allkompetenz noch bei der Verherrlichung der Vernunft stehen. Er zeigte auch die Grenzen der Vernunft auf und machte deutlich, wo ihre Kompetenz endet. Diese selbstkritischen Töne der Vernunft sind in der lauten Begeisterung über die technische Ausbeute aus den naturwissenschaftlichen Erkenntnissen freilich nur allzu leicht untergegangen.

Naturwissenschaftliche Erkenntnis wird zur alleinigen Wahrheit

Im 19. Jahrhundert fächerte sich die Naturforschung entsprechend ihren Forschungsgegenständen in eine Vielzahl von Naturwissenschaften auf. Diese entwickelten, den allgemeinen Idealen NEWTONS folgend, ihre Methoden nach exakten Vorgaben auf ihren jeweiligen Gegenstand hin und verstanden sich als «exakte Naturwissenschaften» auch insofern, als sie alle übernatürlichen Erklärungshilfen ausschlossen.

Das mechanistische Weltverständnis begann im 19. Jahrhundert auch das Weltbewusstsein des Volkes zu prägen und die sichtbaren technischen Leistungen werteten die naturwissenschaftlichen Erkenntnisse zur maßgebenden und alleinigen Wahrheit auf. Gegen Ende des 19. Jahrhunderts waren viele Naturwissenschaftler überzeugt, dass die Welt bis auf einige Randfragen bereits vollständig erklärt sei. Als sich MAX PLANCK (1858–1947) im Jahr 1874 an der Universität München zum Physikstudium anmeldete, riet man ihm mit der Begründung davon ab, dass es ja kaum noch etwas zu erforschen gebe. Das entsprach der Grundüberzeugung der Naturwissenschaftler in jener Zeit. Preußen schloss deshalb um 1900 sein Patentamt. Man glaubte, dass alles Machbare bereits erfunden sei und weitere Erfindungen nicht mehr zu erwarten seien.

Der Zoologe ERNST HAECKEL veröffentliche 1899 den populärwissenschaftlichen Bestseller «Die Welträtsel». Darin stellte er die Rätsel der Welt als durch die Naturwissenschaften bereits gelöst vor und versicherte, dass die noch wenigen verbliebenen Probleme in absehbarer Zeit lösbar seien. HAECKEL war der Repräsentant jener Wissenschaftler, für die naturwissenschaftliches Denken und Atheismus identisch waren. Mit messianischem Selbstverständnis verkündete er seine gottfreie mechanistische Weltanschauung auf naturwissenschaftlicher Grundlage als die neue wissenschaftliche Religion, die das Christentum ablösen würde. Für dieses Ziel gründete er 1906 den «Monistenbund», einen religionsartigen Verein, der die monistische Religion verbreiten sollte.

Mit dem Weltbild, das HAECKEL als die gültige wissenschaftliche Wahrheit propagierte, war er durchaus auf der Höhe seiner Zeit. Er sah z.B. im ununterbrochenen Kampf zwischen Masse und Weltäther die Ursache für alle physikalischen Prozesse. Den Weltäther, den die Physik seiner Zeit annahm, um die Ausbreitung von Licht im Weltall zu erklären, verstand er als eine «positive Tatsache», die ebenso sicher existiere wie er selbst. Die Realität von Raum und Zeit sah er als «endgültig bewiesen» an. Fest stand für HAECKEL auch: «Es gibt einen Anfang der Welt ebenso wenig als ein Ende derselben.» Damit erledigte sich das Thema «Schöpfung» von allein.

Das Universum galt ihm in seiner Größe als festgelegt und auch als unveränderlich. Der «Religionsgründer» HAECKEL war «überzeugt, dass die reine Wahrheit nur in dem Tempel der Naturerkenntnis zu finden ist». Er wusste auch: «Der unvermeidliche Kampf zwischen den herrschenden dualistischen Kirchen-Religionen und unserer vernunftgemäßen monistischen Natur-Religion muss früher oder später mit dem vollständigen Siege der letzteren endigen – wenigstens in den wahren Kulturstaaten!»

Nur, die Tinte, mit der HAECKEL sein «Glaubensbekenntnis der reinen Vernunft» geschrieben hatte, war noch kaum getrocknet, da waren die für die Ewigkeit gedachten

Fundamente der Monisten-Religion von der vernunftgemäßen Arbeit seiner naturwissenschaftlichen Kollegen bereits
wieder zerstört. EINSTEIN zeigte 1905, dass die Zeit weder
stetig noch gleichmäßig noch absolut sein kann, sondern
dass sie flexibel ist und auch von der Position bzw. der Bewegung des Beobachters mit abhängt. Er zeigte ferner, dass
auch der Raum flexibel ist, ja, dass die Flexibilität von
Raum und Zeit sogar als Einheit zu sehen ist. Den Weltäther, eine der beiden Säulen in HAECKELS Substanzver-
ständnis, hatte der amerikanische Physiker MICHELSON
bereits 1887 buchstäblich in nichts aufgelöst. Selbst ein
anfangloses, ewiges und räumlich unveränderliches Universum, wie es sich die Monisten vorstellten, erwies sich als
ein Wunschgedanke. In den Zwanziger Jahren hatten der
russische Mathematiker ALEXANDER FRIEDMANN und der
belgische Priester und Physiker GEORGES LEMAÎTRE errechnet, dass das Universum nicht statisch und ewig ist,
sondern dass es sich entwickelt und demnach auch einen
Anfang haben muss. Der Astronom EDWIN HUBBLE konnte
1929 mit seinem leistungsstarken Teleskop nachweisen,
dass sich die Galaxien mit zunehmender Geschwindigkeit
voneinander entfernen. Daraus konnte geschlossen werden,
dass alle Materie des Universums einmal auf kleinstem
Raum zusammengedrängt, verdichtet, war und einen Anfang hatte. Davon wird noch zu sprechen sein.

HAECKEL ist nicht vorzuwerfen, dass er die naturwissenschaftlichen Erkenntnisse seiner Zeit in ein System gebracht und allgemein verständlich dargestellt hat. Zu kriti-
sieren ist die irreführende Art seiner Darstellung. Er hat
den naturwissenschaftlichen Kenntnisstand seiner Zeit ideologisch so aufbereitet, dass er ihn als die vollständige, ab-
schließende und gültige Wahrheit ausgeben konnte, neben

der und über die hinaus es kaum noch etwas zu sagen und zu erkennen gab. Er hat mit seiner Grundüberzeugung, dass seriöse Naturwissenschaft atheistisches Denken voraussetzt oder erzwingt, einen Kampf zwischen Naturwissenschaft und christlicher Religion eröffnet, der weder naturwissenschaftlichem noch religiösem Erkennen gerecht wird. Offenbar war sein wesentlich älterer Physikerkollege GEORG CHRISTOPH LICHTENBERG (1742–1799) schon weiter, als er einem verengten naturwissenschaftlichen Horizont jedweder Art entgegenhielt: «Wer nichts als Chemie versteht, versteht auch die nicht recht.»

Das geltende Naturverständnis wird erschüttert

Die Situation zu Beginn des 20. Jahrhunderts

HAECKELS «Welträtsel-Buch» zu Beginn des 20. Jahrhunderts lieferte noch für Generationen von Naturwissenschaftlern die Legitimation, den Blickwinkel des eigenen Fachs für die alleingültige Sicht auf Welt und Leben zu halten und alle anderen Betrachtungsweisen für belanglos, für illusionär oder für rückständig zu erklären. HANS-PETER DÜRR sieht eine so verstandene Naturwissenschaft in der gleichen Rolle wie die Inquisition, die sich im Besitz der absoluten Wahrheit wähnte. Die Erfolge der Technik, Frucht der Naturwissenschaft, schienen einer blinden Technik-Gläubigkeit Recht zu geben. Man war der Überzeugung, dass Welt und Leben bald total beherrschbar und alle Probleme unserer Zeit mit technischen Mitteln lösbar seien. Hinter diesem Optimismus stand die Vorstellung eines Universums, das statisch, ewig und unveränderlich ist und nach mechanischen Gesetzen funktioniert. Mit der Kenntnis der mechanischen Gesetze sah man sich in der Lage, unsere irdische Welt nach unseren Wünschen und Zielen zu steuern und zu gestalten – natürlich im Sinne einer Verbesserung.

Ernüchterung durch die Weltkriege

Zwei Ereignisse rissen die westliche Welt zu Beginn des 20. Jahrhunderts aus diesen Träumen. Die Technik konnte wohl den Menschen körperlich schwere Arbeit abnehmen, sie konnte uns mit Hilfe von Fahrrädern, Eisenbahnen und Autos mobil machen, sie konnte uns über weite Entfernungen miteinander sprechen lassen. In zwei Weltkriegen haben die Menschen aber auch erfahren, dass man mit technischen Mitteln ganze Landstriche in Massengräber verwandeln und Städte in Schutt und Asche legen kann und dass mit einfacher Chemie ganze Volksgruppen ausgelöscht werden können. Inzwischen wissen wir, dass wir sogar die Basis für höheres Leben in Gefahr bringen können. Das «Doppelgesicht» der Technik wurde sichtbar und es wurde zugleich offenbar, dass Naturwissenschaft und Technik aus sich selbst keine Maßstäbe dafür setzen können, wofür sie anzuwenden sind und wofür nicht.

Ernüchterung durch die Naturwissenschaft selbst

Den Optimismus einer vollständigen Welterklärung und Naturbeherrschung haben zu keiner Zeit alle Naturwissenschaftler geteilt. Der englische Zoologe T. H. Huxley hatte bereits Ende des 19. Jahrhunderts in realistischer Selbsteinschätzung gesagt: «Was wir kennen, ist eine kleine Insel in-

82

mitten eines grenzenlosen Ozeans des Unerklärlichen.» Das sollte sehr bald gerade die Naturwissenschaft bestätigen.

Der Durchbruch zu einem neuen naturwissenschaftlichen Weltverständnis lässt sich am Verständnis des Lichts veranschaulichen. In der entstehenden Naturwissenschaft konkurrierten von Beginn an zwei unterschiedliche Erklärungsversuche miteinander. NEWTON (1642–1726) sah das Licht als einen Strom kleiner Partikel (Korpuskeln). CHRISTIAN HUYGENS (1629–1695) verstand das Licht als Welle. Aber für den Transport durch den Raum bedurfte es in beiden Fällen eines Mediums. Man wusste, dass sich Schallwellen in Luft, in Wasser und auch in festen Stoffen verbreiten, nicht aber im Vakuum. So nahm man an, dass der gesamte Weltraum von einem Medium erfüllt sein musste, das man Äther oder Lichtäther nannte. Bereits 1905 wurde die Äthertheorie durch EINSTEIN als haltlos erkannt. Er zeigte, dass sich das Licht auch im Vakuum ausbreitet und dass es Wellen- und Korpuskelcharakter hat.

MAX PLANCK hatte schon 1900 erkannt, dass elektromagnetische Energien, also auch Licht, nicht kontinuierlich, sondern nur diskontinuierlich in kleinsten Energie-Paketen (Quanten) ausgetauscht werden können. Bei der experimentellen Überprüfung dieser Quantentheorie stellte sich heraus, dass das Lichtquant, das man Photon nannte, sowohl als Welle als auch als Korpuskel gesehen werden kann. Welle und Korpuskel gelten als gegensätzliche Objekte. Korpuskeln sind punktförmige Objekte. Sie bewegen sich auf Bahnen. Wellen hingegen sind nicht genau lokalisierbar. Sie haben eine gewisse räumliche Ausdehnung, aber keine Bahn: Das Wasser im Meer bewegt sich nicht fort, sondern nur nach oben und nach unten. Objekte, die auf dem Wasser schwimmen, bewegen sich deshalb auch nicht in einer Richtung fort, sondern heben und senken sich nur mit jeder Welle. Wellen transportieren auch nichts, sie übertragen nur Energie und Informationen.

Bei dem Versuch, die Natur des Lichts exakt zu bestimmen, stellte sich Folgendes heraus: Ort und Bewegung eines Teilchens können nicht gleichzeitig gemessen werden. Mit einer bestimmten Versuchsanordnung kann man zwar exakt messen, wo sich ein Teilchen befindet. Mit einer anderen kann man ermitteln, wie es sich bewegt. Beides zugleich kann man aber nicht haben. Lage und Bewegung erweisen sich hier als zwei unterschiedliche Aspekte der Wirklichkeit, die nicht gleichzeitig zu erfassen sind.

Kann man bei diesem Befund überhaupt noch davon sprechen, dass wir es hier mit einem «Ding», einem Gegenstand, zu tun haben, der objektiv existiert? Das, was wir ein «Teilchen» nennen, wird je nach Versuchsanordnung nur entweder als Korpuskel oder als Welle fassbar. Das Verwirrende daran ist, dass wir nicht einen für sich existierenden Gegenstand vor uns haben, den man beobachten kann, sondern dass dieses «Teilchen» überhaupt erst Gestalt gewinnt, wenn wir danach Ausschau halten; es gewinnt die Gestalt, nach der wir mit unserer Versuchsanordnung suchen. Die Wirklichkeit des Wellen- oder des Korpuskelcharakters entsteht überhaupt erst durch die jeweilige Art der Beobachtung. Die Bezeichnungen «Korpuskel» und «Welle» erweisen sich damit als Metaphern für etwas, das sich als Objekt nicht fassen lässt. Angesichts dieser Befunde kann man das tiefe Erschrecken verstehen, das NIELS BOHR (1885–1962), der gelernte klassische Physiker, in den Ausruf fasste: «Wenn man nicht zunächst über die Quantentheorie entsetzt ist, kann man sie unmöglich verstanden haben.»

Wie wirklich ist unsere Wirklichkeit?

Bestandsaufnahme

Nichts erscheint uns wirklicher und gewisser als die Wirklichkeit. Im Alltag zweifeln wir nicht daran, dass die Welt und die Gegenstände in ihr mit allen ihren Eigenschaften so existieren, wie wir sie wahrnehmen, ja, dass sie auch objektiv und für sich so existieren, selbst wenn wir sie nicht wahrnehmen. So etwa sah auch die Naturwissenschaft bis 1900 die Natur, nämlich als objektiv vorhandene Gegenstandswelt, die im Großen wie im Kleinen nach festen Regeln funktioniert. Die Aufgabe der Naturwissenschaft sah man darin, jene Regeln zu erkennen, die in dieser objektiv existierenden gegenständlichen Wirklichkeit walten. Nicht nur die Naturwissenschaftler waren überzeugt, dass ihre Wissenschaft die Wirklichkeit so beschreibe wie sie tatsächlich ist. Das setzt die Vorstellung voraus, dass unsere Sinne und unsere verlängerten Sinne, nämlich die Messgeräte, die Gegenstände der Welt und die Bewegungen in ihr 1:1 wiedergeben.

Die Weltwirklichkeit einer Zecke

Man muss kein Philosoph und auch kein Atomphysiker sein, um an dieser 1:1-Gleichsetzung von Sinneswahrnehmungen und Wirklichkeit seine Zweifel zu haben. Ein Gedankenexperiment kann sie bereits verstärken. Versetzen wir uns in eine Zecke: Sie kann nichts sehen, nichts hören und nichts schmecken. Sie verfügt aber über ein Geruchsorgan, das auf Buttersäure anspricht. Das ist ein Duft, der den Hautdrüsen aller Säugetiere entströmt. Die Zecke hat außerdem einen Tastsinn, mit dem sie warm und kalt unterscheiden kann; sie hat einen Sinn für oben und unten und eine lichtempfindliche Haut. Damit ist sie für ihr Überleben gut ausgerüstet.

Wie sehen das Leben und die Weltwahrnehmung einer Zecke aus? Das begattete Weibchen klettert bis an die Spitze eines Grashalms oder eines Zweigs. Von den Reizen und Prozessen in seiner Umwelt nimmt es außer allgemeinen Lichtreizen nichts wahr. Erst wenn es den Buttersäureduft eines Säugetiers oder dessen Körperwärme wahrnimmt, lässt es sich fallen, sucht sich auf der warmen Haut eine haarfreie Stelle und bohrt sich bis über den Kopf in das Hautgewebe seines Wirts ein. Nachdem es sich mit Blut vollgesaugt hat, lässt es sich erneut fallen, legt seine Eier ab und stirbt. Die «Weltwirklichkeit» der Zecke besteht (in unserer Sprache) aus oben und unten, aus dem Duft von Buttersäure, aus warmer Haut und einem warmen Saft.

Die Sinne erschaffen Art und Grenzen von Wirklichkeit

Hätten Zecken ein Bewusstsein, so wären sie fest davon überzeugt, dass ihre Wahrnehmung von Welt die wahre Wirklichkeit ist und dass es darüber hinaus nichts gibt. Die Zecke weiß von den Lebewesen, die ihr Überleben garantieren, nichts. Sie weiß nicht, dass es unterschiedliche Lebewesen sind, dass sie nachts oder tags kommen, wie sie sich bewegen, wie sie aussehen, wie sie leben. Sie alle sind für die Zecke nur wirklich in dem Duft von Buttersäure, als warmer Untergrund und als Saft. Das ist ihre ganze Weltwirklichkeit. Die Fliegen würden uns von ihrer Fliegenwelt, die Hunde von ihrer Hundewelt wieder anderes berichten, aber ebenfalls mit der festen Überzeugung, dass ihre Welt die Wirklichkeit darstelle und dass Phänomene, die darin nicht vorkommen, gar nicht existieren können.

Wie sich Weltwirklichkeit im menschlichen Bewusstsein abbildet

Die gleichen Bedingtheiten und Grenzen gelten selbstverständlich auch für die Sinneswahrnehmungen des Menschen und für die Verarbeitung der Sinnesreize in unserem Gehirn. Biologie und Hirnforschung haben uns gezeigt, dass wir die Welt nicht so sehen wie sie ist, sondern so, wie unser Gehirn sie uns sehen lässt, zum Beispiel Farben: Unser Gehirn setzt bestimmte elektromagnetische Wellen, die ihm über elektrochemische Signale zugeführt werden, in Farbempfindungen um. In den Gehirnen der Bienen, der Fliegen oder der Hunde entstehen aus den physikalisch gleichen Einwirkungen auf ihre Sehorgane je andere Farbempfindungen. Die Welt ist nicht farbig. Sie wird auf unterschiedliche Weise erst farbig in den Gehirnen von wahrnehmenden Lebewesen. Ebenso verhält es sich mit den Tönen. Die Bilder von der Welt, die über unsere Sinnesorgane in unserem Gehirn entstehen, haben mit der Wirklichkeit, durch die sie ausgelöst werden, keine Ähnlichkeit. Sie sind von anderer Art. Der Neurowissenschaftler HOIMAR VON DITFURTH fasst diesen Tatbestand generalisierend in dem Satz zusammen: «Unser Gehirn und unser Wahrnehmungsapparat sind Hypothesen über die Welt.» Beides, Wahrnehmungsapparat und Gehirn, sind im Laufe der Entwicklung nicht ausgebildet worden, damit wir die Welt erkennen, sondern damit wir in ihr überleben können. Mit dieser Ausrichtung auf das Überleben hängt es wohl auch zusammen, dass wir in unserem Alltagsbewusstsein davon überzeugt sind, dass es über das hinaus, was wir wahrnehmen und wie wir es wahrnehmen, nichts geben kann. Die Naturwissenschaft des 19. Jahrhunderts hat dieses unreflektierte Weltverständnis zur wissenschaftlichen Wahrheit erhoben. Das ist bis in die Gegenwart der Erkenntnisstand der meisten Zeitgenossen.

Weltwirklichkeit ist gedeutete Wahrnehmung

Viele Tiere sehen – wie auch wir Menschen – die Sonne morgens am Horizont, mittags hoch am Himmel und abends wieder am Horizont. Sie richten sich in ihrem Verhalten nach dem Sonnenstand ein. Das tun Menschen auch; aber sie tun mehr: Sie machen sich darüber Gedanken, was hier vorgeht. Da sie ihren Augen trauen, sehen sie eine Scheibe in einer bestimmten Himmelsgegend aufgehen, dann aufsteigen und schließlich in einer anderen Himmelsgegend absteigen und am nächsten Morgen erneut an fast gleicher Stelle wie am Vortag wieder aufsteigen. Sie sehen die Scheibe über den Himmel wandern und schließen daraus, dass sie nachts unter der Erde hindurchzieht, um am nächsten Morgen wieder in den Himmel aufzusteigen. Seit mehr als zwei Millionen Jahren ist das die für alle Menschen unwiderlegbare Wirklichkeit.

Als KOPERNIKUS seine Erwägungen vortrug und die Erde um die Sonne kreisen ließ und als seine Nachfolger bis hin zu NEWTON aufgrund des Denkmodells der Gravitation sogar die Bewegungsgesetze der Gestirne plausibel formulieren konnten, da setzte sich in den Köpfen der Menschen eine andere Wirklichkeit durch. Und auch hier wieder verband sich damit die Überzeugung, dass dies die richtige und die allein gültige Wirklichkeit sei, ja, dass die

Wirklichkeit in unserem Kopf mit der wahren Wirklichkeit draußen deckungsgleich sei. Unser Bewusstsein von Wirklichkeit definiert das Wesen und den Horizont von Wirklichkeit. Die Grenzen unserer Sinnesdaten und Gedanken definieren auch die Grenzen dessen, was wir als wirklich gelten lassen. Für diese sich selbst begrenzende Engführung, die dem unreflektierten Gegenstandsverständnis innewohnt, haben uns die Erkenntnisse der Physiker seit Beginn des 20. Jahrhunderts in eindrucksvoller Weise die Augen geöffnet.

Ein neues Paradigma entsteht

Überraschender Aufbruch

Um 1900, als sich die Physik gerade als vollständig und abgeschlossen wähnte, entwarfen einige Physiker (PLANCK, EINSTEIN u. a.) neue Denkmodelle, die das Verständnis von Wirklichkeit revolutionieren, ja, geradezu auf den Kopf stellen sollten. Dieser spannende Erkenntnisprozess, der sich in einer Art Regelkreis von geistigen Entwürfen und Experimenten besonders in den ersten Jahrzehnten des 20. Jahrhunderts vollzog, ist in allgemein verständlichen Veröffentlichungen nachzulesen (vgl. Literaturhinweise). Das soll hier nicht näher dargestellt werden. Für unseren Zusammenhang ist es sinnvoller, die Profile des alten und des neuen Paradigmas einander so gegenüberzustellen, dass uns der tiefgreifende Wandel im Verständnis von Welt und Wirklichkeit deutlich vor Augen tritt.

Da man die Physik als die naturwissenschaftliche Leitwissenschaft verstehen kann, an deren Methoden sich die anderen naturwissenschaftlichen Fachdisziplinen immer orientiert haben, können wir uns hier darauf beschränken, die Grundprinzipien des Paradigmas der klassischen Physik (bis 1900) neben die Grundprinzipien der Quantenphysik zu stellen, wie hier das neue Paradigma genannt werden soll. Diese holzschnittartige Gegenüberstellung, die nicht alle Details erfassen muss, nimmt bewusst einige Vereinfachungen in Kauf. Um der besseren Verständlichkeit der einzelnen Abschnitte willen werden Grundgedanken der neuen Physik – wo nötig – bewusst wiederholt.

Zum Determinismus

In der klassischen Physik gilt das Universum als vollständig determiniert. PIERRE SIMON DE LAPLACE (1749–1827) hat dieses Grunddogma in einem Gedankenexperiment veranschaulicht. Für LAPLACE bestand die Welt aus Teilchen, die sich mit einer bestimmten Geschwindigkeit auf bestimmten Bahnen bewegen. Nun stellte er sich ein Wesen vor, das die Lage und die Bewegung eines jeden Teilchens im Universum in einem einzigen Augenblick kennt. Dieses Wesen wäre in der Lage, die Position und die Geschwindigkeit eines jeden Teilchens des Universums für jeden Zeitpunkt der Vergangenheit und der Zukunft zu berechnen. Der mechanistische Determinismus als Grundansatz macht verständlich, dass LAPLACE selbstbewusst sagen konnte, für die Erklärung der Welt habe er die Hypothese Gott nicht nötig.

Der Determinismus schloss freilich jene deistische Gottesvorstellung nicht aus, die HERBERT VON CHERBURY (1581–1648) ins Gespräch gebracht hatte. Danach hat Gott die Welt erschaffen und ihr unabänderliche Gesetze eingepflanzt, nach denen sie sich fortan ohne sein weiteres

Eingreifen eigenständig entfalten kann. Die deistische Gottesvorstellung gehörte bald zum Bildungsstandard der «aufgeklärten» Kreise und vieler Naturwissenschaftler. Gerade Naturwissenschaftler sahen sich in ihrer Forschung durch den Gedanken motiviert: «Ich möchte wissen, wie Gott die Welt erschaffen hat. ... Ich möchte seine Gedanken erkennen.» (EINSTEIN) Gemeint war jener Gott, der sich nach der Erschaffung der Welt von ihr zurückgezogen hat.

Die Quantenphysik machte die Vorstellung unmöglich, dass das Universum wie ein Uhrwerk nach festgelegten mechanischen Gesetzen funktioniere und eindeutig determiniert sei. Zweifel meldeten sich bereits im 19. Jahrhundert, als Forscher feststellten, dass Atome (von gr. *átomos*/unteilbar) doch teilbar sind, womit sich die bis dahin geltende Vorstellung von Materie aufzulösen begann. Experimente im 20. Jahrhundert hatten gezeigt, dass sich im subatomaren Bereich Prozesse abspielen, die weder vorhersehbar sind noch den Gesetzen der klassischen Mechanik folgen. Dass Ereignisse im subatomaren Bereich unbestimmt und unvorhersagbar sind, gehört zu den fundamentalen Erkenntnissen der Quantenphysik.

Zur Kausalität

In der klassischen Physik wie in der Alltagslogik gilt uneingeschränkt die Regel, dass jede Wirkung eine Ursache haben muss. Eine klar definierte Ursache führt danach stets zu nur einer einzigen definierbaren Wirkung.

Im Experimentierfeld der Quantenphysik zeigte sich etwas grundlegend anderes. Wenn wir auf dem Billardtisch eine Kugel mit einer bestimmten Geschwindigkeit in einem bestimmten Winkel auf eine gleichartige Kugel aufprallen lassen, so können wir aus der Ursache (Aufprall der ersten Kugel) sehr leicht die Wirkung (Bewegung der zweiten Kugel) errechnen, die dieses Ereignis auslöst. Im subatomaren Bereich gilt dieses rigide Kausalitätsprinzip nicht. Die Experimente mit Elementarteilchen haben gezeigt: «Eine gegebene Ursache führt nun nicht mehr zu einer ganz bestimmten Wirkung, sondern sie eröffnet ein bestimmtes Feld von möglichen Wirkungen, deren Wahrscheinlichkeiten (besser: deren relative Häufigkeiten) determiniert sind. Der Zusammenhang zwischen Ursache und Wirkung ist also nur noch statistisch, und zwar in einem prinzipiellen und objektiven Sinne und nicht nur auf Grund einer subjektiv ungenauen Wahrnehmung.» (H.-P. DÜRR). Ein Beispiel: Wir wissen, dass ein Neutron von sich aus in ein Proton, ein Elektron (und ein Antineutrino) zerfällt. Das kann in der nächsten Millisekunde oder erst in einigen Milliarden Jahren geschehen. Der Zeitpunkt, zu dem das einzelne Neutron zerfällt, ist nicht errechenbar, die Ursache dafür nicht erhebbar. Es ist ein «Ereignis ohne Ursache». Wir wissen allerdings sehr genau, dass die Hälfte einer Anzahl von Neutronen genau nach 15,42 Minuten zerfallen sein wird. Die Zukunft des einzelnen Neutrons ist dabei aber prinzipiell undeterminiert. Es gibt in der Natur keinen durchgängigen Zusammenhang zwischen Ursache und Wirkung. Heisenberg hat daher den Satz gewagt: «Die Quantenphysik hat die definitive Widerlegung des Kausalitätsprinzips erbracht.» Das Kausalitätsgesetz hat nur einen begrenzten Bereich der Anwendung, und wir wissen nicht, wo diese Grenzen liegen.

Zur Materialität

Die klassische Physik bezeichnete sich gern als die Wissenschaft von der Materie. Materie galt als das, was Bestand hat, was durch natürliche Mittel weder geschaffen noch zerstört werden kann. Materie vermöge zwar durch chemische Reaktionen ihre Gestalt zu ändern, sie bleibe aber in ihrer Gesamtmenge von Beginn an und für alle Zeit konstant. Die Frage, wie Materie entstanden ist, bleibt davon unberührt.

Die Quantenphysik hat uns gezeigt, dass es diese unzerstörbare Materie nicht gibt. EINSTEIN hat 1905 mit seiner berühmt gewordenen Gleichung $E = mc^2$ zum Ausdruck gebracht, dass Materie als «eingesperrte» Energie zu verstehen ist. Die Gleichung sagt: Die Energie (E) eines jeden Materiepartikels entspricht seiner Masse (m) multipliziert mit dem Quadrat der Lichtgeschwindigkeit (c^2). Damit wird die physikalische Welt völlig neu definiert.

Bisher war man davon ausgegangen, dass im Universum zwei scharf voneinander getrennte Grundelemente existieren, nämlich Materie und Energie. EINSTEIN wies nach, dass Materie und Energie identisch sind und sich nur in ihrer Erscheinungsform voneinander unterscheiden. Ein Beispiel: Ein Kilogramm Kohle entspricht, vollständig in Energie umgewandelt, 25 Milliarden Kilowattstunden Elektrizität. Seit 1945 wissen wir, dass es keine graue Theorie ist, Materie in Energie umzuwandeln. Der Abwurf der Atombombe auf Hiroshima am 6. August1945, der auf der Stelle 150 000 Menschen tötete oder verletzte und die Stadt zerstörte, lieferte den grausamen Praxisbeweis für die Erkenntnis, dass Materie und Energie gleichwertige Erscheinungsformen für etwas sind, was unserem Erkennen vielleicht prinzipiell unzugänglich bleibt. Für unser Thema halten wir die Einsicht fest, dass es das Universum mit einer konstanten Materiemenge nicht gibt, sondern dass Materie entstehen und verschwinden kann.

Zur Gegenständlichkeit

Die klassische Physik ging davon aus, dass die Materie Gegenstandscharakter hat und bis in die kleinsten Einheiten als Teilchen zu sehen ist – wie etwa, wenn man ein Stück Glas in kleinste Teile zerbricht und zuletzt zu Glasstaub zerstampft.

Die Quantenphysik hat demgegenüber gezeigt, dass die kleinsten Einheiten der Materie eben nicht mehr «Teilchen» in einem substanziellen Sinne sind, sondern nur abstrakte Zustandsformen, die sich je nach Experiment als Wellen oder als Korpuskeln darstellen. Als was diese kleinsten Einheiten zwischen den Messungen existieren, können wir prinzipiell nicht wissen; sie sind jedenfalls keine substanziellen Materieklümpchen. H.-P. DÜRR fasst zusammen: «Das jederzeit objektivierbare, räumlich begrenzte Materieteilchen gibt es nicht.» Die Quantenphysik hat die Materie entmaterialisiert, entdinglicht. Die kleinsten «Dinge» können nicht mehr wie gewöhnliche Dinge vorgestellt, sondern nur noch in mathematischen Formeln zum Ausdruck gebracht werden. Das Universum und die Gegenstände existieren nicht als konstante und stabile Größen; sie «ereignen» sich in jedem Augenblick neu. Der Begriff «Elementarteilchen» ist daher nicht dinglich, sondern als Metapher zu verstehen.

Zum Weltverständnis

Menschen haben sich von frühester Zeit an Gedanken über die Welt gemacht. Sie fanden sich vom ersten Aufflackern eines Bewusstseins an in einer Welt vor, von der sie selbst ein Teil waren, für die sie mit Sinnen und Fähigkeiten ausgestattet waren. Sie sahen sie von numinosen Kräften erfüllt und später von Göttern und schließlich von nur einem Gott durchwaltet. Diese Einheit von Göttern/Gott, Welt und Mensch brachten sie in Schöpfungserzählungen zum Ausdruck, in denen die drei Pole (Gott, Welt, Mensch) ungeschieden ineinander verflochten waren. In den ersten Ansätzen naturwissenschaftlichen Denkens verstand sich der Mensch als Betrachter der Welt, und Gott stand beiden (der Welt und den Menschen) als die nichtirdische Macht gegenüber. Seit der Renaissance wurde Gott aus dem naturwissenschaftlichen Denkprozess zunehmend ausgeschlossen. Ende des 19. Jahrhunderts gehörte dies zum Selbstverständnis naturwissenschaftlichen Denkens. Man schloss darüber hinaus auch generell aus, dass es so etwas wie eine Gotteswirklichkeit überhaupt geben könne. Das forschende Subjekt Mensch stand nur noch den Objekten der Natur gegenüber. Der Naturwissenschaftler sah sich in der Rolle und in der Lage, als neutrales Gegenüber zur Welt die Objekte dieser Welt mit objektiven Methoden erforschen und auch objektiv erkennen und beschreiben zu können.

Die Quantenphysik ist in ihren Experimenten im subatomaren Bereich mit der Tatsache konfrontiert worden, dass wir als Teil der Natur dieser Natur gar nicht neutraldistanziert und objektiv gegenübertreten können. Das vermeintliche Subjekt-Objekt-Verhältnis ist ebenso wie die postulierte Objektivität unserer Betrachtung eine Fiktion, der wir Menschen dort erliegen, wo wir uns als beobachtende Ichs aus dieser Weltwirklichkeit herauslösen, die doch auch die unsere ist und die wir nicht anders als mit den Kategorien und Möglichkeiten unseres Weltseins ansehen können. So musste das Subjekt-Objekt-Modell aufgegeben und die Frage nach dem Verhältnis von Beobachter und Beobachtetem neu gestellt werden.

Zum Selbstverständnis der Naturwissenschaften

Die klassische Physik war überzeugt, dass sie die Natur ganz objektiv so beschreibe wie sie in Wahrheit ist.

Theorie und Experimente der Quantenphysik haben die Physiker zu einem ganz anderen Verständnis geführt. Niels Bohr sagte: «Es ist falsch zu denken, es wäre Aufgabe der Physik herauszufinden, wie die Natur beschaffen ist. Aufgabe der Physik ist vielmehr herauszufinden, was wir über die Natur sagen können.» Das heißt, die Physik kann die Natur nicht beschreiben; sie kann nur unser Wissen von Natur beschreiben, wie es sich in den Rastern, nach denen wir sie beobachten, darstellt. Der Physiker MAX BORN (1882–1970) schrieb schon 1957: «Während die klassische Physik annimmt, dass Naturerscheinungen sich unabhängig von der Tatsache ihrer Beobachtung abspielen und ohne Bezug auf die Beobachtung betrieben werden können, erhebt die Quantenphysik nur den Anspruch, eine Erscheinung in Bezug auf die wohl definierte Art der Beobachtung oder instrumentellen Einrichtung zu beschreiben und vorherzusagen.» Mit dieser realistischen Selbstbescheidung auf das, was naturwissenschaftliches Forschen vermag, streift die Naturwissenschaft das Gewand jener Ideologie des 19. Jahrhunderts ab, mit der sie letzte Wahrheiten zu verkünden glaubte. Die Physik vermag uns nur zu sagen, was wir über die Natur innerhalb unserer Rahmenbedingungen wissen, nicht aber, wie sie ist. Sprechen wir von Phänomenen der Natur, so sprechen wir nicht von der Natur an sich und von physikalischen Wirklichkeiten, sondern nur von unserer spezifischen Art, uns mit ihnen auseinanderzusetzen und ihnen menschlichen Ausdruck zu geben. ERVIN LASZLO, Naturwissenschaftler und Konzertpianist, bringt das auf die Kurzformel: «Quantenphysik beschäftigt sich mit Beobachtungen, nicht mit Beobachtbarem.»

Zu den Erkenntnissen der Naturwissenschaften

Die klassische Physik war überzeugt, die Welt und ihre Gegenstände ihrer Natur gemäß erfasst zu haben.

Die Quantenphysik musste diesen Erkenntnisoptimismus aufgeben. Sie erkannte, dass wir Phänomene grundsätzlich nur in Modellen ausdrücken können, oft sogar in unterschiedlichen oder gegensätzlichen Modellen ausdrücken müssen (z.B. Welle und Korpuskel). Diese Modelle entnehmen wir unserer Art des Hinschauens. Wir schauen auf die Natur mit unseren Sinnesorganen und durch die Raster unserer Versuchsanordnungen und prägen so der Natur Ausdrucksformen auf, die unseren Denkstrukturen der Beobachtung entspringen. Wir sind aber nicht in der Lage anzugeben, in welchem Maße unsere Modelle der Wirklichkeit entsprechen, für die sie stehen. Wir müssten ja die angenommene Wirklichkeit bereits kennen, um das Maß der Entsprechung oder der Abweichung zwischen Modell und Wirklichkeit beurteilen zu können. Da dies nicht möglich ist, bleibt grundsätzlich unentscheidbar, ob und in welchem Maß unsere Modellvorstellungen von Wirklichkeit der Wirklichkeit nahekommen. Unser Wissen über die Natur entspricht der Natur im besten Falle etwa so wie die Kartenskizze einer Landschaft entspricht. Damit ist unser Wissen über unser Unwissen allerdings deutlicher geworden. Wir wissen jetzt genauer, was wir prinzipiell nicht wissen können. HEISENBERG zog die letzte Konsequenz aus dieser Erkenntnis, wenn er feststellte, dass wir unsere Modelle von Natur nicht mehr als unser «Bild von der Natur» verstehen dürfen, sondern lediglich als das «Bild unserer Beziehung zur Natur».

Zur Rolle des Beobachters

In der klassischen Physik sah sich der Mensch als Beobachter der Natur dieser Natur gegenüber und auch in der Lage, die Natur an sich aus der Perspektive des Außenstehenden zu erfassen.

Die Quantenphysik hat aufgedeckt, dass «der Gegenstand der Forschung nicht mehr die Natur an sich (ist), sondern die der menschlichen Fragestellung ausgesetzte Natur» (HEISENBERG). Wir sind nicht in der Rolle des distanzierten Beschauers der Natur, sondern wir sind ein «Teil des Wechselspiels zwischen Mensch und Natur». Durch unsere Art des Betrachtens der Natur entscheiden wir darüber, was sich uns zeigt. «Wir können die Welt nur gefiltert durch die Theorien in unseren Köpfen sehen» (LASZLO). Anders gesagt: Was sich uns als Wirklichkeit zeigt, ist nicht diese selbst, sondern ist die Antwort auf Fragen, die wir gemäß unseren Denkstrukturen und Theorien über die Natur an diese stellen. Was uns als die Wirklichkeit zu begegnen scheint, das konstituieren wir durch die Art unserer

Fragen und Wahrnehmungen. H.-P. DÜRR sagt: «Die naturwissenschaftliche Wirklichkeit trägt immer den Stempel unseres Denkens, sie ist geprägt durch die Art und Weise, wie Teile durch unser Denken aus dem Gesamtzusammenhang herausgebrochen werden.» Wir können Wirklichkeit nicht «an sich» haben. Wir sprechen immer nur von der Wirklichkeit, die der Beobachter weiß und die er durch seine Denkweise und seine Beobachtungsraster selbst gestaltet hat. Wirklichkeit, wie sie ohne den Erkenntnisakt durch ein Subjekt wäre, ist und bleibt den Menschen unbekannt.

Zur Sprache der Naturwissenschaften

Die klassische Naturwissenschaft hat im Laufe von einigen Jahrhunderten aus der Alltagssprache für ihren Sachbereich eine eigene Begriffssprache mit präzisen Bedeutungen entwickelt. Das war für eine eindeutige Verständigung nötig, hat aber seinen Preis. Jede Definition, durch die ein Alltagswort zum eindeutigen Begriff wird, bewirkt, dass ein bestimmter Wortsinn hervorgehoben und alle anderen Sinndimensionen und Beiwerte dieses Wortes ausgegrenzt werden. So bedeutet «Frühling» als Fachbegriff der Meteorologie lediglich einen definierten Zeitabschnitt. In der Alltagssprache klingen bei dem Wort «Frühling» viele andere Gedanken, Gefühle und Bilder mit. All das wird durch die wissenschaftliche Definition ausgeblendet. Der Preis der Eindeutigkeit ist immer eine Reduktion. Eine einzige Bedeutung wird herausgehoben und zur Norm gemacht. Alle anderen mitklingenden Bedeutungen werden weggestrichen. Wirklich und relevant ist dann nur noch das, was der Bedeutungsebene des Begriffs entspricht. Der Philosoph KARL JASPERS hat dieses reduktionistische Denken im Blick, wenn er schreibt: «Für die jungen Leute von heute ist allein die Wissenschaft wahr, weil sie das Wahre mit dem Exakten verwechseln und daran glauben, dass die einzige Gestalt der Vernunft die ist, die ich instrumentell nenne – und dass sie alle anderen aufhebt.»

Die Sprache der Mathematik ist für die Physik deshalb so unentbehrlich, weil sie das einzige geistige Instrument ist, mit dem wir Phänomene im physikalischen Bereich ausdrücken können, für die wir keine Anschauung mehr haben. Aber diese abstrakte Symbolsprache vermag uns an die «wahre Wirklichkeit» nicht näher heranzuführen als die anderen Modell-Entwürfe auch. Die Mathematik erweist sich insofern als eine extreme Form des Reduktionismus, als sie alles ausschließt, was mit der Sprache der Zahlen nicht erfasst werden kann. Aus der Sicht der Quantenphysik formulierte HEISENBERG die neuzeitliche Ernüchterung so: «Die mathematischen Formeln bilden … nicht mehr die Natur, sondern unsere Kenntnis von der Natur ab.»

So ist im 20. Jahrhundert der Mathematik nicht nur die Rolle als Wahrheitsmedium abhanden gekommen; es wurde auch erkannt, dass die logische Grundlage, auf der ihr System so sicher zu ruhen schien, gar nicht so sicher ist. Der Mathematiker KURT GOEDEL hat 1930 gezeigt, dass die Mathematik mit ihren eigenen Mitteln die Widerspruchsfreiheit ihres Systems nicht beweisen kann. Das mindert ihre Brauchbarkeit für Physik und Technik nicht; aber, wie es der Mathematiker MORRIS KLINE illusionslos charakterisiert: «Ihr Anspruch auf Wahrheit musste aufgegeben werden.» Auch die Zielvorstellung, dass alle Aussagen, die als wissenschaftlich gelten wollen, mathematisierbar sein müssen, hat sich als eine illusionäre Forderung herausgestellt. Wir gewinnen mit der Mathematik weder einen absoluten und subjektfreien Boden für unser Erkennen, noch überwinden wir durch Mathematik die Perspektivität unseres menschlichen Hinsehens auf die Welt.

Zur Verbindlichkeit der naturwissenschaftlichen Aussagen

Seit dem 20. Jahrhundert ist man sich bewusst, dass es in der Physik nicht um Wahrheit, sondern um *Modelle* geht. Im Modell geben wir dem Unanschaulichen Anschauung. Das Modell ist eine Art Vermittler zwischen einem Phänomen und dessen Interpretation durch die Wissenschaft.

Das Modell begegnet uns in der Gestalt von Hypothesen und Theorien. Die *Hypothese* ist eine Annahme darüber, wie eine Struktur oder ein Prozess vorgestellt oder erklärt werden kann. Von einer Arbeitshypothese aus lassen sich an ein zu untersuchendes Phänomen gezielte Fragen stellen und mit Hilfe von Experimenten Antworten finden. Eine Hypothese kann auch umgekehrt aus den überraschenden Ergebnissen von Experimenten neu entstehen.

Der Übergang von der Hypothese zur Theorie ist fließend. Nach einer weithin anerkannten Definition, die N. R. CAMPBELL 1920 formuliert hat, ist eine physikalische Theorie eine zusammenhängende Menge von Aussagen über die Grundbegriffe und über die Beziehungen der Grundbegriffe zueinander. Das entspricht den beiden Grundelementen von Vokabular und Syntax in jeder menschlichen Wortsprache. Beides, die Definition der Grundbegriffe wie auch die Festlegung der Regeln für die Beziehung zwischen den Grundbegriffen, wird jeweils von Menschen, nämlich von der Gemeinschaft der Forschenden, festgelegt. Das heißt, alle Aussagen der Naturwissenschaften bewegen sich innerhalb dieses Entwurfs der jeweiligen Spezialfrage und haben nur darin ihre Verbindlichkeit, ihre subjektunabhängige Objektivität und ihre Plausibilität.

Zu den metaphysischen Elementen

Alle Naturwissenschaftler machen für ihre Arbeit Voraussetzungen metaphysischer Art, die weder durch Beobachtung noch durch Experimente jemals gesichert oder bewiesen werden können. EINSTEIN hat 1933 zugespitzt gesagt, dass die Axiome (Voraussetzungen), auf denen die physikalischen Theorien beruhen, «freie Erfindungen des menschlichen Geistes» seien. Dazu gehören z.B. die Grundannahmen:

– In der Natur gibt es Gesetzmäßigkeiten.
– Wir können diese Gesetzmäßigkeiten erkennen.
– Das Prinzip der Kausalität ist ein Naturgesetz.
– Naturgesetzmäßigkeiten und Kausalität gelten unverändert von Anfang an und für alle Zeit.

Der Philosoph KARL R. POPPER fasst dies im Blick auf die Naturwissenschaften so zusammen: «Unsere Wissenschaft ist kein System von gesicherten Sätzen, auch kein System, das in stetem Fortschritt einem Zustand der Endgültigkeit zustrebt. Unsere Wissenschaft ist kein Wissen: weder Wahrheit noch Wahrscheinlichkeit kann sie erreichen … Zwar geben wir zu: Wir wissen nicht, sondern wir raten. Und unser Raten ist geleitet von dem unwissenschaftlichen, metaphysischen (biologisch erklärbaren) Glauben, dass es Gesetzmäßigkeiten gibt, die wir entschleiern und entdecken können. Mit BACON könnten wir die ‹Auffassung der sich jetzt die Naturwissenschaft bedient, Antizipationen, leichtsinnige und voreilige Annahmen› nennen. Aber diese oft fantastisch kühnen Antizipationen der Wissenschaft werden klar und nüchtern kontrolliert durch methodische Nachprüfungen ... Nur die Idee, die unbegründete Antizipation, der kühne Gedanke ist es, mit dem wir, ihn immer wieder aufs Spiel setzend, die Natur einzufangen versuchen.» Der Neurowissenschaftler HOIMAR VON DITFURTH erinnert zu Recht an eine kulturhistorisch vergessene Seite der Naturwissenschaften, wenn er sagt: «Die Naturwissenschaften sind *nichts Geringeres* als die Fortsetzung der Metaphysik mit anderen Mitteln.»

Keine falschen Schlüsse

Die Hinweise auf die Bedingtheiten allen naturwissenschaftlichen Forschens und Erkennens bedeuten keineswegs eine Abwertung naturwissenschaftlicher Arbeit und derer Ergebnisse. In der Auseinandersetzung mit der Quantenphysik und der Relativitätstheorie hat die Naturwissenschaft im 20. Jahrhundert erkannt, dass alle wissenschaftliche Arbeit unter den Bedingungen menschlichen Erkennens geschieht. Menschliches Erkennen ist nun einmal eingebunden in die Bedingungen der Natur und auch daran gebunden. Es kann daher niemals aus sich selbst oder aus der Welt hinaustreten und diese gleichsam von außen betrachten. An dieser erkenntniskritisch entscheidenden Stelle haben sich die Naturwissenschaften, angeführt von der Physik, auf das ihnen Mögliche realistisch selbst begrenzt und sich vom naturwissenschaftlichen Selbstverständnis des 19. Jahrhunderts klar abgegrenzt und verabschiedet.

Diese Selbstbegrenzung ist kein Verlust an Aussagekraft, Kompetenz und Prestige, sondern in vielfacher Hinsicht ein Gewinn. Die Naturwissenschaft hat selbst klargestellt, dass sie keine Aussagen über das Sein machen kann und machen will. Sie hat deutlich gemacht, in welchem Bezugsrahmen ihre Aussagen gelten und aus welchen Perspektiven sie gemacht worden sind. Dadurch hat sie geklärt, in welchem Rahmen ihre Ergebnisse bestätigt oder widerlegt, verifiziert, falsifiziert oder überhaupt sinnvoll diskutiert werden können. Sie hat durch diese Klarstellungen ausgeschlossen, dass Gesprächsebenen verwischt und dass Glaube gegen Naturwissenschaft oder Naturwissenschaft gegen Glaube argumentativ eingesetzt oder gegeneinander ausgespielt werden. Sie hat mit ihrer Selbstreflexion allen Wahrheitsabsolutismen und den daraus folgenden Vorrangkämpfen eine nüchterne Absage erteilt.

Die Naturwissenschaft hat mit der erkenntnistheoretischen Klärung ihres Sachbereiches, ihrer Methoden, ihrer Perspektiven und ihrer Erkenntnisbasis den nicht-naturwissenschaftlichen Gesprächspartnern signalisiert, dass ein Gespräch über die Fachgrenzen hinweg nur dort sinnvoll und fruchtbar sein wird, wo alle Gesprächspartner die Wirklichkeitsebene, den Geltungsbereich, die Methoden, die Perspektiven und die Erkenntnisbasis des eigenen Fachs nüchtern, ehrlich und kritisch reflektieren. An diesem Punkt gibt es bei Ideologen aller Art und bei offenen oder versteckten Fundamentalisten auf religiöser Seite noch einigen Nachholbedarf.

Mit ihrer Selbstklärung hat mindestens die Physik bereits vor einem halben Jahrhundert deutlich gemacht, dass wir von der Wirklichkeit nicht allumfassend und wie aus der Sicht eines allwissenden Beobachters von außerhalb sprechen können. Wir haben nur die Möglichkeit, die gleiche Wirklichkeit aus verschiedenen Perspektiven zu erfassen, dadurch verschiedene Ebenen und Schichten zu erken-

nen und in dafür angemessenen verschiedenen Sprach-
formen davon zu sprechen. Dieses Wissen vermag fach-
übergreifenden Gesprächen den ideologischen Eifer und
den missionarischen Grundton zu nehmen und kann Basis
für einen fruchtbaren Dialog sein.

Gegeneinander – nebeneinander – miteinander

Vom Ineinander zum Nebeneinander

Nahezu zwei Jahrtausende lang gab es ein variantenreiches Ineinander von christlichem bzw. philosophischem Glauben und Naturwissenschaften. Der christliche Glaube war bereits in den ersten Jahrhunderten von griechischen Gottesvorstellungen so durchdrungen worden, dass christlicher und philosophischer Gottesglaube für viele Jahrhunderte zu einer großen Einheit verschmolzen.

Bis ins 16. Jahrhundert galt es auch für Naturwissenschaftler als unbestritten, dass diese Welt einen Schöpfer oder eine göttliche Erstursache hat, wie immer man die Verbindung zum Naturgeschehen auch denken mochte. Für Naturwissenschaftler, die dem mechanistischen Weltverständnis anhingen, bot sich die deistische Gottesvorstellung an. Danach hat ein höheres Wesen die Welt, wie ein Uhrmacher die Uhr, wohl erschaffen, sie aber danach den eingepflanzten Gesetzen überlassen. Der Deismus erlaubte es, einen unverbindlichen Schöpferglauben mit der Vorstellung von einem eigenständigen Naturgeschehen zu verbinden und damit sogar noch die Frage des Anfangs elegant zu lösen. Das Wort «Gott», dem ein gewisser Verpflichtungscharakter anhaftet, ließ sich damit sogar vermeiden und durch ein neutrales «höheres Wesen» ersetzen, das zu nichts verpflichtet.

Selbst ALBERT EINSTEIN, den man als Atheisten bezeichnet hat, konnte von sich sagen: «Meine Religion besteht in der demütigen Anbetung eines unendlichen geistigen Wesens höherer Natur, das sich selbst in den kleinsten Einzelheiten kundgibt, die wir mit unseren schwachen, unzureichenden Sinnen wahrzunehmen vermögen. Diese tiefe Überzeugung der Existenz einer höheren Denkkraft, die sich im unerforschlichen Weltall manifestiert, bildet den Inhalt meiner Gottesvorstellung.» EINSTEIN sah in der Religion eine wesentliche Triebkraft wissenschaftlicher Forschung und war sogar (1939) der Meinung, dass die Naturwissenschaftler die einzig tief religiösen Menschen in dieser materialistischen Welt seien.

Das ursprüngliche inhaltliche Ineinander von Schöpfungsglaube und Naturverständnis hat sich zu einem formalen Nebeneinander entwickelt, das schließlich zu einer wechselseitig desinteressierten Beziehungslosigkeit führte. Dieses interesselose Nichtverhältnis von Glaube und Naturwissenschaft begegnet uns gegenwärtig in der beschönigenden Selbstbezeichnung: «Ich bin areligiös» oder «Ich bin Agnostiker». Christen, Theologie und eine Kirche, die sich aus dem Gespräch mit den Naturwissenschaften ausgeklinkt haben, sollten über diese Haltung nicht erstaunt sein. Sie spiegelt nur die eigene Interesselosigkeit am Dialog mit den Naturwissenschaften, aus welchen Gründen auch immer.

Ein Gegeneinander entsteht

Eine Gegnerschaft zwischen Schöpfungsglauben und Naturwissenschaft baute sich erst im Zuge jener Bewegung des 18. Jahrhunderts auf, die sich selbst als «Aufklärung» und «Erleuchtung» bezeichnete und die Autonomie und Herrschaft der Vernunft ausrief. Vor der Vernunft, in deren Besitz die Aufklärer sich wähnten, hatten sich jetzt alle bisherigen Autoritäten, also auch Bibel und Kirche, auszuweisen oder sie hatten zu weichen. Im ideologischen Bereich

108

der Aufklärung galt «vernünftig» als Synonym für «antiklerikal», «antikirchlich» und «antibiblisch». So entstand im Kampf gegen die bisherigen Autoritäten der Glaube an die Autorität der Vernunft, die als identisch mit der Autorität der Wissenschaften galt. KANTS besonnene Selbstbegrenzung gegenüber einer sich absolut setzenden Vernunft hat sich nicht durchgesetzt. Der ideologische Strang der Aufklärung, der Wissenschaft mit Atheismus gleichsetzte und die Bekämpfung des christlichen Glaubens zur Pflicht des Naturwissenschaftlers erhob, hatte in der bereits erwähnten Propagandaschrift «Die Welträtsel» (1899) von ERNST HAECKEL und seinem Monistenbund einen Ausdruck gefunden und den Höhepunkt erreicht. Gegen alle historischen Fakten wurde von den Mechanisten im 19. Jahrhundert eine Art Gründungsmythos der Naturwissenschaften aufgebaut, nach welchem KOPERNIKUS, KEPLER, GALILEI und NEWTON zu Heroen stilisiert wurden, die die menschliche Vernunft gegen den Aberglauben und den engstirnigen Fanatismus eines finsteren Mittelalters durchsetzten. HAECKEL stellte Vernunft und Naturwissenschaft als im Wesen unvereinbar mit dem christlichen Glauben dar. Dieses Dogma ist auch in den Marxismus eingegangen und dort gepflegt worden. Es klingt bis heute vor allem im populärwissenschaftlichen Bereich nach.

Selbst Wissenschaftler, die zum engeren Kreis der neuen Physikergeneration gehörten, hatten HAECKELS Weltsicht noch voll verinnerlicht.

Die militante, religionsfreie Grundhaltung aus der Gedankenwelt des 19. Jahrhunderts scheint sich gegenwärtig sogar in einer reaktivierten Atheismusbewegung, in der Giordano-Bruno-Gesellschaft, neu zu organisieren. Der britische Biologe RICHARD DAWKINS, Preisträger dieser Vereinigung, hat in seinem jüngsten Buch «Der Gotteswahn» (2007) in eindrucksvoller Weise dokumentiert, wie man wortreich gegen das Gottes- und Schöpfungsverständnis einer Weltreligion ankämpfen kann, ohne davon auch nur elementare Kenntnis zu besitzen.

Der Gegenpol zu diesen antireligiösen Vernunft-Fundamentalisten sind die religiösen Fundamentalisten christlicher oder islamischer Herkunft. Der religiöse Fundamentalismus geht über den Kreis der amerikanischen Kreationisten und die Vertreter des Intelligent Design hinaus. Religiöser Fundamentalismus ist überall dort gegeben, wo eine religiöse Institution oder Gruppe für sich beansprucht, über Vorgänge in der Natur unfehlbares und göttlich verbürgtes Wissen zu haben. Wo immer aber Aussagen, die in einer bestimmten Perspektive von Welterfahrung einen guten Sinn haben, zu absoluten Wahrheiten erklärt werden, da haben wir es mit Ideologien zu tun. Ideologien schließen den Dialog aus. Gegensätzliche Ideologien führen zum Kulturkampf. Eine Ideologie lässt sich nicht durch eine andere überwinden; sie kann nur durch die Kritik der «Denkmodelle» von Ideologie, Absolutismus und Fundamentalismus überwunden werden.

Ausgangslage für einen Dialog

Die Naturwissenschaft klärt, wie und was sie erkennen kann

Die Impulse für ein neues Miteinander von Glaube und Naturwissenschaft gingen nicht von der christlichen Theologie aus, sondern von der Selbstreflexion der Naturwissen-

schaftler. Die Konsequenzen aus Quanten- und Relativitätstheorie hatten die Physiker dazu gebracht, die Erkenntnisbasis ihrer Wissenschaft neu zu sehen und neu zu bewerten.
Sie stellten fest: Naturwissenschaft ist grundsätzlich nicht
in der Lage, objektive Aussagen über das Ganze der Natur
und des Seins zu machen.

Die Reaktion auf kirchlicher Seite

Den Theologen hätten schon seit Jahrzehnten die Ohren
klingen müssen, denn das neue Selbstverständnis der Physik bedeutete das Ende der Konfrontation. Es war die Einladung und das geöffnete Tor zu einem Dialog. Die neuen
Töne haben aber den kirchlichen Alltag und die Schultheo-
logie nicht erreicht. Die Kirchen hatten nach zwei Weltkriegen vor allem mit sich selbst zu tun. Der evangelische
Theologe KARL HEIM schrieb schon 1906: «Wir müssen
jetzt ganz neue Wege suchen ..., wenn nicht der ungeheue-
re Riss zwischen der nur unter sich verkehrenden Theologie und der Welt der Mediziner und Naturwissenschaftler zu einer Katastrophe führen soll. Eine Riesenarbeit ist
zu tun, um den schon seit hundert Jahren verlorenen An-
schluss wieder einzuholen, ehe es zu spät ist.» KARL HEIM
blieb ein theologischer Außenseiter. Seine ersten bedeuten-
den Schriften zum Dialog zwischen Theologie und Naturwissenschaften erschienen erst in den Vierziger Jahren.
Auch auf katholischer Seite hat der Jesuit TEILHARD DE
CHARDIN seine Auseinandersetzung mit der Evolutionstheorie als Einzelgänger aufgenommen. Sein Hauptwerk
zur Evolutionstheorie wurde 1955 veröffentlicht. Um die
Mitte des 20. Jahrhunderts kamen auf Initiative des evan-

gelischen Physikers und Mathematikers GÜNTER HOWE die
«Göttinger Gespräche» zwischen Physikern und Theologen
zustande, und zwar über ein Jahrzehnt verteilt. Erst seit
den Siebziger Jahren ist dann der schon lange fällige Dialog zum beachteten Thema geworden, auf evangelischer
Seite durch den Theologen WOLFHART PANNENBERG zusammen mit dem Physiker A. M. KLAUS MÜLLER, auf katholischer Seite durch den Theologen KARL RAHNER.

Das ideologiefreie Gespräch zwischen Theologie und
Naturwissenschaften ist allerdings bis heute nicht bis zu den
Gemeinden vorgedrungen. Es erreicht sie jetzt häppchen-
weise durch die Medien, und zwar über die aus den Verei-
nigten Staaten importierte Kreationismus-Debatte. Pfarrer
und Gemeinden sind darauf kaum vorbereitet. Hier liegt
der zurzeit dringendste Nachhol- und Informationsbedarf.

Zum Wahrheitsabsolutismus der römisch-katholischen Kirche

Wenn man Christen fragte, ob Gott die Welt geschaffen
hat, würden die meisten wohl mit «ja» antworten. Damit
ist freilich noch wenig Konkretes gesagt, denn dieses Ja zu
einem Schöpfergott kann sehr Unterschiedliches bedeuten,
und es kann auch sehr unterschiedlich begründet sein. Blic-
ken wir dafür in den konfessionellen Hintergrund für dieses formal einstimmige Ja zur Schöpfung der Welt durch
Gott.

Solange im Abendland eine Schöpfungsvorstellung religiöser oder philosophischer Art der selbstverständliche kul-
turelle Standard war, bedurfte es hierfür keiner Begründung. Erst als der Gedanke einer göttlichen Schöpfung von
der Naturwissenschaft in Frage gestellt wurde, hat die rö-

misch-katholische Kirche ihr Schöpfungsverständnis beim Ersten Vatikanischen Konzil (1870), in klarer Abgrenzung von allen Varianten des Pantheismus, Panentheismus, Materialismus und der Evolutionslehre DARWINS dogmatisch verbindlich festgelegt, und zwar gegen jede Art von Atheismus: «Wer den einen wahren Gott, den Schöpfer und Herrn des Sichtbaren und des Unsichtbaren leugnet, der sei mit dem Anathema belegt» (DH 3021). Das «Anathema» ist die kirchliche Verfluchungsformel. Gegen Pantheismus und Panentheismus: «Wer sagt, die Substanz und Wesensart Gottes und aller Dinge sei ein und dieselbe: der sei mit dem Anathema belegt» (DH 3023). Gegen den Materialismus: «Wer sich nicht scheut zu behaupten, es gebe nichts außer Materie: der sei mit dem Anathema belegt» (DH 3022). Gegen die Evolutionslehre: «Wer sagt ... Gott sei das allgemeine bzw. unbestimmte Seiende, das sich selbst bestimmend, die in Arten, Gattungen und Einzelwesen unterschiedene Gesamtheit der Dinge bildet: der sei mit dem Anathema belegt» (DH 3024). Demgegenüber wurde der Glaube an die göttliche Schöpfung aus dem Nichts (creatio ex nihilo) als verbindliche Glaubenswahrheit festgeschrieben: «Wer nicht bekennt, dass die Welt und alle Dinge, die in ihr enthalten sind ... von Gott aus nichts hervorgebracht wurden ...: der sei mit dem Anathema belegt» (DH 3025). Das alles wird vom Zweiten Vatikanischen Konzil bekräftigt und vom Katechismus der Katholischen Kirche (1993) in positiver Formulierung als verbindliche Glaubenswahrheit vorgelegt (KKK 293ff).

Dogmatische Aussagen verstehen sich als grundsätzliche Aussagen über das Wesen und Sein der Welt. Nach römisch-katholischem Verständnis können sie weder eingeschränkt werden noch kann ihnen widersprochen werden.

Sie stehen auch nicht zur Diskussion. Im dogmatischen System Roms werden sie als letztgültig und von Gott geoffenbart abgesichert, und zwar durch das Dogma von der Unfehlbarkeit des kirchlichen Lehramtes und speziell des Papstes, das 1870 ausgerufen wurde.

Konkurrierende Vernunft- und Wissenschaftsabsolutismen

Die Inhalte der Dogmen gelten nach dem Verständnis der römisch-katholischen Kirche nicht nur für Katholiken als verbindliche Glaubenswahrheiten; sie verstehen sich als absolute Wahrheiten schlechthin. Das begründet die Dogmatische Konstitution «Dei Filius» (1870) mit der lapidaren Feststellung: «Die heilige katholische apostolische Römische Kirche glaubt und bekennt, dass ein wahrer lebendiger Gott ist, Schöpfer, ... (usw.)» (DH 3001). Wir haben es hier mit einem geschlossenen System zu tun, das sich im Zirkelschluss selbst begründet und zu absoluten Aussagen ermächtigt, die allen anderen Aussagen übergeordnet und überlegen sind.

Die Aufklärung hat – ebenfalls in einem Zirkelschluss – die Vernunft zum Maßstab für absolute Aussagen erhoben. Im mechanistischen Weltverständnis der Naturwissenschaften des 19. Jahrhunderts wurde der Zirkelschluss der Absolutheit wissenschaftlicher Erkenntnis zum Argument gegen ein absolutistisch verstandenes Christentum aufgebaut. Absolutistische Systeme kennen den offenen Dialog nicht; sie schließen sich gegenseitig aus. Abweichende Hinsichten auf die Welt werden zum Beispiel von RICHARD DAWKINS als «unaufgeklärt» oder von BENEDIKT XVI. als «Relativismus» und als «defizitär» abgewertet.

114

Vernunft im römischen System

Bemerkenswert ist freilich schon, dass auch im römischen System die Vernunft einen hohen Stellenwert hat. Gemeint ist aber nicht die autonome Vernunft der Aufklärung. Nach römisch-katholischem Verständnis ist die menschliche Vernunft in gleicher Weise wie die Glaubenswahrheit von Gott geschaffen, aber der Wahrheit des Glaubens untergeordnet. Deshalb wird hervorgehoben, «dass jede Behauptung, die der Wahrheit des erleuchteten Glaubens widerspricht, völlig falsch ist» (DH 3017). Wie sich unter dem Absolutismus der Aufklärung der Glaube vor der Vernunft auszuweisen hatte, so muss sich unter dem Absolutismus der dogmatischen Wahrheit die Vernunft vor diesem dogmatischen Glauben ausweisen.

Die nach römisch-katholischem Verständnis von Gott geschaffene Vernunft kann von sich aus Gott als den Schöpfer erkennen. Das Erste Vatikanische Konzil lehrt, «dass Gott, der Ursprung und das Ziel aller Dinge mit dem natürlichen Licht der menschlichen Vernunft aus den geschaffenen Dingen gewiss erkannt werden kann» (DH 3004). Auch in diesem Zirkelschluss ist Gott als der zu Erkennende im Beweisgrund bereits vorausgesetzt, da er ja die Vernunft des Menschen mit der Fähigkeit zur Gotteserkenntnis selbst geschaffen hat. Das bedeutet in der Logik dieses Vernunftverständnisses, dass bei allen, die über die Betrachtung der Natur nicht zur Gotteserkenntnis kommen, das «Licht der menschlichen Vernunft» entweder getrübt sein muss oder gar nicht vorhanden sein kann.

Die Gefahr des Fundamentalismus in den Kirchen der Reformation

Im Glaubens- und Kirchenverständnis der Reformation ist der Absolutismus im System zwar überwunden, aber in Gestalt des Fundamentalismus unter bestimmten Bedingungen durchaus aktuell.

Der reformatorische Protest gegen den Glaubensabsolutismus Roms bezog seine Legitimation aus den Urkunden des christlichen Glaubens, den biblischen Schriften. Die Schriften des Neuen Testaments sind eine Sammlung authentischer Bekenntnisse und Zeugnisse des christlichen Glaubens aus dem Umfeld Jesu und der ersten Nachfolgegenerationen: Inhalte, Schwerpunkte und die Mitte des christlichen Glaubens sind in einem stetigen Dialog mit und aus den Urzeugnissen zu gewinnen und zu legitimieren. Das heißt, dass die bestehenden Lebensformen der christlichen Gemeinden und die Herausforderungen, die durch Veränderungen der kulturellen und geistigen Lebensbedingungen entstehen, immer wieder mit den neutestamentlichen Zeugnissen rückgekoppelt und an ihnen geprüft werden müssen. Jesus hat keine zeitlosen göttlichen Wahrheiten formuliert; er hat Gotteswirklichkeit in seiner konkreten Welt gelebt und für seine Zeitgenossen in Gleichnissen und Streitgesprächen in konkrete Lebenssituationen hinein auch artikuliert. In gleicher Weise hat auch die christliche Gemeinde keine ewigen Wahrheiten zu verwalten. Sie hat vielmehr ihr Leben aus der Gotteswirklichkeit, die Jesus offenbar gemacht hat, immer wieder neu zu wagen und diese Gotteswirklichkeit im Dialog mit den Zeugnissen seiner Jünger in zeitgemäßer Sprache neu zu formulieren. Dies ist der Sinn des reformatorischen Prinzips des «*sola scriptura*»/«allein die Schrift», das eine Art von immerwährendem Regelkreis zwischen den bleibenden Urkunden des christlichen Glaubens und der Realität je meiner oder je unserer Lebenswelt in Gang setzt und in Gang hält.

Wo dieser lebendige Dialog zerstört, das heißt, der Prozess des Regelkreises angehalten wird, da entsteht jener Fundamentalismus, der das wörtliche Verständnis der biblischen Schriften zum Fundament und zur Bedingung des Glaubens erklärt. Das geschah in den Strömungen der nachreformatorischen Orthodoxie zwischen 1555 und 1675. Diese Orthodoxie wurde in den evangelischen Gemeinden durch den Pietismus und in der evangelischen Theologie durch die einsetzende historisch-kritische Forschung nachhaltig überwunden. Die zeitgenössischen amerikanischen Fundamentalisten, die sich unter dem Stichwort «Kreationisten» zusammenfinden, können sich nicht auf ein protestantisches Bibelverständnis im Sinne dieses Regelkreises berufen, wenn sie die Bibel zum «papierenen Papst» erklären und ihren Wahrheitsabsolutismus auf eine postulierte Unfehlbarkeit der Bibel stützen.

Der römisch-katholische Wahrheitsabsolutismus ist im System selbst angelegt und verankert. Der ebenfalls absolutistische Fundamentalismus in protestantischen Kirchen ist Ausdruck eines Mangels an religiöser und historischer Elementarbildung. In Europa kann dieser Fundamentalismus allerdings Zukunft in dem Maße haben, in welchem die religiöse und historische Bildung abnimmt. Die Gewissheit, dass die Welt von Gott geschaffen wurde, dürfte im volkskirchlichen Bewusstsein des deutschen Sprachraums bei Katholiken und bei Protestanten gleich fest verankert sein, und zwar bei den einen mehr in der kirchlichen Lehre, bei den anderen eher im biblischen Text begründet. Für einen offenen Dialog zwischen Glauben und Naturwissenschaften ist das ein großes, aber kein unüberwindliches Hindernis.

Außerhalb von Absolutismus und Fundamentalismus

In Mittel- und Nordeuropa haben sich viele Katholiken vom Absolutismus ihrer Kirche längst verabschiedet und nur wenige Protestanten sind für den Fundamentalismus anfällig. Dennoch vergegenwärtigen sie sich Glaubensfragen, zwar undogmatisch, aber doch innerhalb der Denkmodelle und im Selbstverständnis ihrer Konfession.

Die Bibelwissenschaft beider Konfessionen ist hier einen großen Schritt weiter. In den Grundlagen des Verständnisses und der Interpretation biblischer Texte ist ein ökumenischer Konsens entstanden, der für unser Gespräch eine solide überkonfessionelle Basis bilden kann, besonders dort, wo unser Thema sich auf die Alternative «Schöpfung *oder* Urknall» zugespitzt hat.

Klärungen

Zum Verständnis biblischer Texte

Was Christen zum Thema Schöpfung und Schöpfer zu sagen haben, stützt sich vor allem auf die eingangs besprochenen Texte Gen 1 und Gen 2. Das führt zu der Frage, was uns diese Texte zum Ursprung von Welt und Mensch sagen und inwiefern das für unseren Glauben und als Aussage über die Anfänge des Universums verbindlich ist.

Ökumenische Einigkeit besteht in der Bibelwissenschaft darin, dass biblische Texte weder historische Reportagen noch göttliche Diktate noch dogmatische Verlautbarungen sind. Biblische Texte sind Zeugnisse des Glaubens, formuliert von Menschen in der Sprache und in den Vorstellungsformen ihrer Zeit. Ihr Zeugnischarakter und ihre Inhalte werden zerstört, wenn sie wörtlich genommen und in unser heutiges Wortverständnis hineingepresst oder als lehramtliche Dokumente gelesen werden.

Zum Zeugnis von Gen 1,1–2,4a

Das Zeugnis von Gen 1 scheint dem religiös wenig gebildeten Leser recht eindeutig. Der Text spricht doch von «Schöpfung» oder von «Erschaffung der Welt». Er wird so verstanden, als gäbe er uns verbürgte Auskunft über die Art und Weise, in der das geworden ist, was heute ist. Dabei bemerkt man wohl, dass es für dieses Geschehen keine Augenzeugen gegeben haben kann, da der Mensch ja erst am letzten Tag geschaffen wurde. So rückt dieser Text unversehens in den Rang einer göttlichen Auskunft, an der es keine Zweifel geben kann.

Dennoch bleibt es dabei: Auch Gen 1 ist von Menschen verfasst worden. Alle Kulturen haben ihre Ursprungsgeschichten; das sind ihre Gedanken über die Anfänge. Diese sind so bunt und so vielfältig wie menschliche Vorstellungskraft eben sein kann.

Israels Vorstellungen von den Anfängen tragen die Züge der altorientalischen Kulturen, nach denen der jeweils oberste Gott die Welt ins Sein gerufen hat. In diesem Grundmuster von Weltentstehung unterscheidet sich Israel in nichts von seinen Nachbarn. Das war so selbstverständlich, dass wir nirgendwo die Tendenz sehen, den Entstehungsprozess des Universums zum Bekenntnis zu erheben.

Am Vorgang der Weltentstehung selbst liegt Israel offenbar gar nichts, denn Gen 2,4b ff erzählt die Erschaffung des Menschen in einer ganz anderen Version und in wesentlich urtümlicheren Vorstellungsformen als Gen 1. Das Bekenntnis zu Jahwe als dem einzigen Gott und Schöpfer kann demnach in sehr unterschiedlichen naturkundlichen Vorstellungen zum Ausdruck gebracht werden und ist weder an die naturkundlichen Vorstellungen von Gen 1 noch an die von Gen 2 gekoppelt.

Zur Verschiebung des Zeugnisgehaltes

Das Thema Weltentstehung trat als eigenes Diskussionsthema von Gen 1 und Gen 2 erst im 19. Jahrhundert in den Mittelpunkt des Interesses, als nämlich von der Naturwissenschaft die Existenz eines Schöpfers und eine zielgerichtete Entwicklung grundsätzlich in Frage gestellt wurde. Von Christen wie von Gegnern wurde der Vorgang der Weltentstehung zum Streitfall zwischen Glaube und Wissenschaft hochstilisiert. Mit der Auseinandersetzung um die Vorstellungen, wie die Welt entstanden sei, glaubten die einen, den christlichen Glauben und die Irrtumlosigkeit der Bibel zu verteidigen, und versuchten die anderen, das Monopol der Vernunft gegenüber dem religiösen Vorurteil zu dokumentieren und durchzusetzen. Es lässt sich leicht zeigen, dass es von beiden Seiten nicht sachgemäß war, die Aussagen in Gen 1 und 2 und die der Naturwissenschaft zur Entstehung der Welt als konkurrierende Theorien aufzufassen. In Gen 1 und 2 sind die Aussagen zum Schöpfungsvorgang lediglich ein Ausdruck für Israels Bekenntnis zu Jahwe, dem einzigen Gott. Im Neuen Testament ist von den Umständen der Weltschöpfung überhaupt nicht die

Rede. Selbstverständlich wurde vorausgesetzt, dass Gott der Schöpfer ist. Aber das war dort, wo sich das Christentum entfaltete, selbstverständlicher Konsens und kein Gegenstand von Bekenntnissen oder Profilierungen.

Indem nun aber die zeitgebundenen Vorstellungen zur Weltentstehung als naturkundliche Aussagen verstanden und zu biblischen Wahrheiten erklärt wurden, erhielt Gen 1 für sich genommen eine ganz veränderte Bedeutung. Blickt man nur auf die Schöpfungswerke scheint die Erzählung den Menschen als die Krone der Schöpfung herauszustellen. Nur, diese Interpretation wird durch den Text selbst zurückgewiesen. Der Mensch wird nämlich gerade nicht als das krönende Werk des letzten Schöpfungstages vorgestellt. Er wird am sechsten Tag zusammen mit den Tieren geschaffen. Die Interpretation einer auf das Naturkundliche reduzierten Erzählung nimmt dem biblischen Text die entscheidende Pointe.

Zur Korrektur der Fehlinterpretationen

Die Pointe der biblischen Erzählung von Gen 1–2,4a liegt darin, dass die von Gott gesetzte kosmische Schöpfungsordnung sich im Sabbat, einem Ruhetag, vollendet. Der Sinn des Sabbats, der für Israels Verständnis so zentral ist, besteht darin, dass er den Raum der Ruhe ermöglicht, in welchem das Geschöpf seinem Schöpfer gegenüber tritt und sich all dessen erinnert, was ihm geschenkt wurde: alle Herrlichkeiten dieser Welt, Nahrung und Kleidung, Freunde, Familie und das eigene Leben. Der Sabbat als der Tag des Schöpfers bildet den Raum, die eigene Geschöpflichkeit und alles Irdische zu bedenken, sich der Solidarität und Verbundenheit mit allen Geschöpfen bewusst zu werden und nach der Verantwortung zu fragen, die uns als Einzelnen in dieser Schöpfung zufällt. Damit ist für jede Zeit die Frage nach dem verantwortlichen Handeln in unserer Welt aufgeworfen.

Zur Perspektivität unseres Erkennens

Eine Geschichte, die uns in einem großen Gemälde der Schöpfung mit unserer Geschöpflichkeit und mit unserem Schöpfer konfrontieren will, zielt nicht darauf, uns darüber zu belehren, wie die Welt entstanden ist. Gerade danach fragt aber die Physik. Unsere Weltverantwortung ist für die physikalische Forschung hingegen kein Thema. Die Schöpfungstexte von Gen 1 und 2 können zur naturwissenschaftlichen Welterklärung ebenso wenig beitragen, wie uns die Welterklärungen der Naturwissenschaften dabei helfen können, unsere Verantwortung für die Welt wahrzunehmen. Beide reden zwar über unser Verhältnis zur Weltwirklichkeit, aber aus unterschiedlichen Perspektiven und auch mit unterschiedlichen Zielen.

Die religiösen Aussagen zur Geschöpflichkeit enthalten kein exklusives Wissen über Naturvorgänge. Die Naturwissenschaften können umgekehrt nichts über die Wirklichkeitsebene aussagen, die in der jüdisch-christlichen Kultur mit den Begriffen «Schöpfung», «Schöpfer», «Geschöpf» zur Sprache kommt. Wer eine Aussage über die Entstehungsgeschichte der Welt oder die Menschen macht, kann sich nicht auf ein exklusives Glaubenswissen berufen, sondern muss seine Gedanken im Rahmen naturwissenschaftlichen Argumentierens begründen. Die Naturwissenschaften haben in ihren die eigene Arbeit reflektierenden Vertretern sowohl die menschlichen Bedingungen, die Perspektivität und auch den begrenzten Geltungsbereich ihres Verständnisses von Weltwirklichkeit erkannt. Sie haben auch erkannt, dass die Naturwissenschaft keine Kompetenz hat, das, was die religiöse Rede in ihrer Perspektive sagt, zu bestätigen oder in Frage zu stellen. Die christlichen Gesprächspartner sollten umgekehrt darauf verzichten, sich bestimmter Denkmodelle der Naturwissenschaften für ihre Zwecke bedienen zu wollen. Sie sollten vor allem aufhören, aus religiösen Texten allgemeine und verbindliche Wahrheiten über Naturvorgänge abzuleiten und sich damit in die naturwissenschaftliche Diskussion einzumischen.

Die Basis für einen Dialog

Erkennen von Wirklichkeit

Viele Aspekte der einen Wirklichkeit

Wir haben viele Hinweise darauf, dass in unserer Welt alles mit allem verknüpft ist, aber wir wissen nicht und können nicht wissen, was Wirklichkeit ist. Unsere Hinsichten auf Wirklichkeit bleiben in allen Bereichen perspektivisch gebunden und sie sind und bleiben menschliche Sicht auf Wirklichkeit. Der gleiche «Gegenstand» kann aus verschiedenen Perspektiven gesehen werden. Nehmen wir als Beispiel das Gemälde eines blühenden Apfelbäumchens. Der Kunstexperte wird es daraufhin betrachten, von wem, in welchem Stil, in welcher Technik, in welcher Schaffensphase des Künstlers es gemalt ist. Er wird die künstlerische Leistung, die ästhetische Qualität, die Originalität, die kunsthistorische Position, die kulturgeschichtliche, die emotionale Aussage und manches andere bewerten. Ein Physiker, der vom selben Bild die exakten Lichtwerte eines jeden Quadratmillimeters ermittelt, wird von alledem ebenso wenig bemerken wie der Chemiker, der die chemische Zusammensetzung sämtlicher Farben und Farbmischungen analysiert. Ein Obstbauer, der vor dieses Bild tritt, wird ihm entnehmen, um welche Obstsorte es sich handelt, wie alt das Bäumchen ist, wie es gewachsen ist, wie es gepflegt und geschnitten wurde, in welcher Jahreszeit es gemalt worden ist, wie die Ernte einzuschätzen ist, wann sie zu erwarten und ob sie leicht oder eher aufwändig einzubringen ist, wie die Äpfel schmecken, wie sie zu lagern und wofür sie besonders geeignet sind, was der Zentner im Verkauf brin-

gen kann und ob es sinnvoll ist, gerade diese Sorte anzu-
pflanzen. In anderen Betrachtern wird das Bild die Erinnerung an die Jugend oder an einen schönen Frühlingstag
oder an die Mandelblüte in der Bergstraße oder an einen
Urlaub im Südtirol wachrufen. Ein Holzhändler wird sich
fragen, ob aus dem Stamm dieses Baumes brauchbare Fur-
niere zu schneiden wären. Der Kunsthändler wird den Wert
des Bildes auf dem augenblicklichen Kunstmarkt abschät-
zen, der seine eigenen Gesetze und Moden hat. Der Be-
sitzer des Bildes wird sich vielleicht für all das gar nicht
interessieren. Er isst noch nicht einmal gern Äpfel, weiß
nicht, wer das Bild gemalt hat, will das Bild auch nicht
verkaufen, versteht wenig von Kunst. Er hängt aber an diesem Bild und liebt es deshalb, weil es für ihn seinen gelieb-
ten Onkel Fritz vergegenwärtigt, dem dieses Bild ein Gleich-
nis für das menschliche Leben war. Selbst die Wirklichkeit
dieses Bildes zeigt sich uns also auf sehr unterschiedliche
Weise. Es gibt ebenso viele Bilder von Wirklichkeit wie es
Blickwinkel gibt, unter denen man etwas Vorgegebenes betrachten kann. Das, was an einer Aussage «richtig» ist, lässt
sich nur im Rahmen jener Hinsicht klären, innerhalb der
sie gemacht worden ist.

Viele Wahrheiten

Unsere Einsichten in die Bedingtheiten menschlichen Erkennens lassen uns heute davon absehen, von «der Wahrheit» im Sinne einer einzigen und absoluten Wahrheit zu
sprechen. Mit «Wahrheit» suchen wir auszudrücken, dass
etwas der Wirklichkeit zu entsprechen scheint, über die wir
uns verständigen. Da aber Wirklichkeit erst durch die Fragen konstituiert wird, die wir stellen, bleibt Wahrheit eben-

falls eingebunden und bezogen auf die Perspektive, unter der wir etwas betrachten. In diesem Verständnis von Wahrheit ist damit lediglich gemeint, dass eine Aussage hinsichtlich der Perspektive und der Methoden der Betrachtung, angemessen und stimmig ist. Ob unsere Bilder von Wirklichkeit einer zugrunde liegenden Wirklichkeit entsprechen, ist damit nicht gesagt, weil wir darüber gar nichts sagen können.

Die jeweilige «Wahrheit» von Aussagen des Glaubens kann mit «Wahrheiten» der Naturwissenschaft deshalb nicht in Konflikt oder in Konkurrenz geraten, weil sie sich auf unterschiedliche Perspektiven und Systeme der Betrachtung bezieht. Konflikte – genauer: Scheinkonflikte – entstehen dort, wo einer der Gesprächspartner oder auch beide nicht beachten, in welchen Fragerahmen ihre Aussagen gehören, oder wann die eigene Sicht zur absoluten Wahrheit erklärt wird.

Das Selbstverständnis der Physik

Wissen und Wahrheit in der Physik

Die Physik erforscht die Eigenschaften der Materie und deren Gesetzmäßigkeiten und sie fragt nach den Veränderungen des Bestehenden. In diesem Zusammenhang fragt sie schließlich auch nach dem Ursprung und nach der Zukunft dessen, was ist. Sie tut das im Rahmen des jeweils aktuellen Kenntnisstands. Dieses Wissen besteht nicht aus reinen Beobachtungsdaten, denn diese sind bereits Antworten auf bestimmte Fragen. Die Fragen aber sind hervorgegangen aus bestimmten Annahmen von und Modellvorstellungen über Wirklichkeit. In diesen Modellentwürfen oder Hypothesen stecken wieder eine ganze Reihe von Voraussetzungen, die nicht aus Beobachtungen gewonnen sein können, sondern unterstellt werden.

Zu den Annahmen/Postulaten der Astrophysik, gehört u. a. die Kausalität. Niemand kann aber wissen, ob Kausalität zur Struktur der Wirklichkeit gehört. Wir können nur sagen, dass der Kausalgedanke zur Struktur unseres menschlichen Erkennens gehört oder zu gehören scheint. Die Kausalität wird dabei als linear und als irreversibel (nicht umkehrbar) aufgefasst.

Die Physik kann uns also nicht sagen, wie etwas in Wahrheit ist, sie kann uns nur sagen, wie wir uns auf der Basis der genannten Vorgaben und Modelle das Entstehen von Welt vorstellen können, was wir also innerhalb diesem Rahmen wissen. Naturwissenschaftliche Aussagen beziehen sich auf eine fiktive Wirklichkeit bzw. auf eine durch unsere Fragen präparierte und auf unsere Aspekte reduzierte Wirklichkeit. Diese Feststellung schmälert den Erkenntniswert der naturwissenschaftlichen Forschung nicht. Viele ihrer Theorien sind in der technischen Anwendung bewährt, sie sind aus unserem Leben gar nicht mehr wegzudenken. Die Erfahrung, dass physikalische Theorien in vielen Anwendungsbereichen «funktionieren», gibt physikalischen Modellen den Nimbus von absoluter Wahrheit, und zwar auch dort, wo wir keine Möglichkeiten haben, sie zu verifizieren oder zu falsifizieren. Die ihre eigene Arbeit reflektierenden Astrophysiker haben sich daher für ihr kosmologisches Modell von dem Stichwort «Wahrheit» verabschiedet. Als «wahr» könnte man hier eine Aussage allenfalls in dem Sinne bezeichnen, dass sie sich im Rahmen des Modells und seiner Vorgaben, in dem sie gelten soll, als logisch widerspruchsfrei erweist, ein hohes Maß an Erklärungskraft besitzt und mit anderen Elementen des Modells in Einklang zu bringen ist.

Was die Physik über den Ursprung des Universums wissen kann

Mit dem Wort «Ursprung» verbinden wir die Vorstellung, dass etwas zu einem bestimmten Zeitpunkt angefangen hat. Wenn wir vom Ursprung des Universums sprechen, so drängen sich uns in unserem Kausaldenken sofort zwei Fragen auf: Wie oder wodurch hat das Universum angefangen? Und: Was war vor diesem Anfang?

Diese Art zu denken und zu fragen, setzt als gegeben voraus, dass es so etwas wie eine überweltliche Uhr, eine absolute Zeit gibt, die kontinuierlich fließt, ob etwas passiert oder nicht. ALBERT EINSTEIN hat dazu sehr anschaulich gesagt: «Früher hat man geglaubt, wenn alle Dinge aus der Welt verschwinden, so bleiben noch Raum und Zeit übrig». Er bezieht sich damit auf jene Vorstellung von Raum und Zeit, die auch NEWTON so selbstverständlich erschien, dass er sie dem physikalischen Denken als verbindlich zugrunde legte. Er schreibt: «Die absolute wahre und mathematische *Zeit* verfließt an sich und vermöge ihrer Natur gleichförmig und ohne Beziehung auf einen äußeren Gegenstand ... der absolute *Raum* bleibt vermöge seiner Natur und ohne Beziehung auf einen äußeren Gegenstand stets gleich und unbeweglich.»

Dieser Glaube an einen Raum, verstanden als ein neutrales Behältnis, in dem sich Dinge befinden, und an einen absoluten Zeitablauf jenseits allen Geschehens, ist durch EINSTEINS spezielle Relativitätstheorie schon 1905 zerstört worden. Danach stehen Raum, Zeit und Bewegung nicht beziehungslos nebeneinander, sondern in einem engen Wechselverhältnis zueinander. Nach diesem Denkmodell ist es nicht mehr möglich, vom Ursprung des Universums in einem zeitlichen Sinn zu sprechen. Es hat auch keinen Sinn, sich den Ursprung des Universums an einem festen Punkt in einem vorgegebenen Raum zu denken. «Ursprung» bedeutet hier, dass Raum und Zeit überhaupt erst zu existieren beginnen. Vor diesem Ursprung gab es weder Raum noch Zeit. Dieser zeitliche Nullpunkt des Anfangs oder Ursprungs ist freilich nur eine von Menschen geschaffene Konvention, eine angenommene Größe, für die sich die Bezeichnung «Urknall» durchgesetzt hat. Physikalische Forschung reicht nur bis zu diesem «Anfang». Sie kann nach eigenem Verständnis hinter dieses Anfangen nicht zurückfragen. Einige Naturwissenschaftler versuchen zwar, im Rahmen unseres heutigen Wissens ein Anfangen aus dem Nichts zu erklären. Die Spekulationen über die Entstehung des Universums aus dem Nichts bleiben bislang Spiele mit einer unbekannten Zahl von unbekannten Größen. Auch die Frage, warum überhaupt etwas geworden ist und ob irgend eine Art von Weltvernunft dahinter steht, liegt außerhalb dessen, was Naturwissenschaft erforschen und erkennen kann.

Das kosmologische Standardmodell

Auf der Basis der Quantenmechanik von MAX PLANCK und den beiden Relativitätstheorien von ALBERT EINSTEIN wurde in der ersten Hälfte des 20. Jahrhunderts ein kosmologisches Modell entworfen, das in der gegenwärtigen Forschergemeinschaft weitgehend anerkannt ist. 1929 konnte HUBBLE nachweisen, dass sich die Galaxien mit großer Geschwindigkeit voneinander entfernen. Das Universum dehnt sich demnach wie ein Luftballon aus. Die Physiker unterstellen, dass unsere Erde im Kosmos keine privilegierte Stellung einnimmt, und dass der Kosmos von Materie und Energie (in Form von Licht und sonstiger Strahlung) gleichmäßig erfüllt ist. Man unterstellt außerdem, dass Materie und Energie gleichmäßig dicht verteilt sind. Rechnet man mit diesen und anderen Vorgaben die Expansionsbewegung zurück, so kommt man zum Ergebnis, dass Materie, Raum und Zeit einst in einem einzigen Punkt vereinigt gewesen sein müssen. Diesen hypothetischen zeitlichen Nullpunkt, in dem die Expansion des Universums ihren Anfang nahm, nennt man die «Singularität».

Man setzt diesen Anfang vor 13 bis 20 Milliarden Jahren an. Die Sonne wäre dann vor 4,7 und die Erde vor 4,5 Milliarden Jahren entstanden. Die Singularität wird von den Physikern aber nicht als ein Schöpfungsvorgang gesehen, den irgendjemand bewirkt hat, schon gar nicht als eine Schöpfung aus dem Nichts. Über ein Woher dieses Anfangs kann die Physik nichts sagen, weil sie nur mit bereits existierenden, messbaren und endlichen Größen arbeitet. Sie sieht auch keine Möglichkeit, Raum oder Zeit über diese Singularität des Anfangs hinaus in die Vergangenheit zu verlängern, da mit dem Urknall die Zeit erst begonnen hat und eine Vergangenheit oder ein Vorher gar nicht denkbar sind. Die Frage einer Schöpfung oder eines Schöpfers steht in der Physik nicht zur Debatte. Sie liegt außerhalb naturwissenschaftlichen Forschens und Erwägens. Der Bereich naturwissenschaftlichen Forschens beginnt erst mit dem, was ist.

Die Zukunft des Universums

Aus der Sicht der klassischen Physik galt das Universum als ein ewiger und weitgehend statischer Kosmos. Auch EINSTEIN war bis zu HUBBLES Entdeckung der Expansion des Universums von dessen Unveränderlichkeit überzeugt. Die Physik hatte aber herausgefunden, dass die Voraussagen über die Entwicklung des Universums und seine Zukunft wesentlich davon abhängen, welche Gesamtdichte (Materie und Energie) man annimmt. Drei mögliche Zukunftsszenarien sind denkbar.

1. Das Universum dehnt sich zeitlich unbegrenzt immer weiter aus.
2. Die Ausdehnung des Universums verlangsamt sich; das Universum kommt allmählich zum Stillstand und bleibt dann für immer stabil.
3. Das Universum dehnt sich aus, die Ausdehnung verlangsamt sich und kommt zum Stillstand. Danach beginnt es, sich wieder zusammenzuziehen, bis es sich – wieder zu einem Punkt verdichtet – auflöst, womit auch Raum und Zeit wieder verschwinden. Einige Physiker halten sogar einen fortlaufenden Zyklus von Expansion und Kollaps für möglich.

Die noch phantasievoller ausgestalteten Möglichkeiten müssen hier nicht dargestellt werden. Sie alle beruhen auf der Hochrechnung von angenommenen Daten. Angesichts solch märchenhafter Entwürfe hat EINSTEIN zur Gelassenheit gemahnt und nur augenzwinkernd bemerkt, wir sollten abwarten und sehen.

Im Wissenschaftsverständnis des 19. Jahrhunderts galten Naturwissenschaft und Schöpfungsglaube als miteinander unvereinbar. Nach HAECKEL war Naturwissenschaft mit Atheismus identisch. Diese Gleichung galt überall dort, wo man der Meinung war, dass nur das als Tatsache gelten und existieren kann, was mit naturwissenschaftlichen Methoden zu erfassen ist. HAECKEL erklärte kategorisch: «Es gibt keinen Gott und keine Götter, falls man unter diesem Begriff persönliche, außerhalb der Natur stehende Wesen versteht.» Den Gott der Christen stellt er sich als ein «gasförmiges Wirbeltier» vor. Es ist heute nur schwer vorstellbar, wie ganze Generationen von klugen Naturwissenschaftlern in diesen Zirkelschluss einstimmen konnten. Das Weltverständnis des physikalischen und biologischen Materialismus, das im 18. Jahrhundert von LA METTRIE und Baron HOLBACH vertreten und im 19. Jahrhundert von LUDWIG BÜCHNER und ERNST HAECKEL popularisiert wurde, hatte sich nicht nur im Volk, sondern auch unter den Naturwissenschaftlern und gebildeten Menschen weithin als nicht in Frage zu stellende Wahrheit durchgesetzt. So schien es nicht aufzufallen, dass der Atheismus bereits in der metaphysischen Basis des Materialismus angelegt war und sich nicht als Konsequenz aus der naturwissenschaftlichen Erkenntnis ergab.

Die physikalische Forschung hat im 20. Jahrhundert allen Varianten des metaphysischen Materialismus den Boden entzogen. Sie behauptet nicht mehr, dass nur wirklich ist, was mit naturwissenschaftlichen Methoden erfasst werden kann, denn sie ist sich bewusst, dass die Methoden darüber entscheiden, welchen Bereich von Wirklichkeit wir in den Blick nehmen und erfassen. Wir können noch nicht einmal wissen, was alles wir durch eine bestimmte Methode ausblenden.

Deutlich ist aber so viel: Wird mit dem Wort «Gott» eine Wirklichkeit bezeichnet, die weder unserer Gegenstandswelt zuzurechnen ist noch überhaupt ein Phänomen unserer wie immer entstandenen Welt ist, so liegt die Gottesfrage außerhalb jeglicher naturwissenschaftlicher Forschung, denn diese kann sich nach ihrem Selbstverständnis nur auf «Weltliches» beziehen. Da die Logik der Naturwissenschaften den Bereich des Weltlichen nirgendwo überschreiten kann, so kann mit naturwissenschaftlichen Argumenten eine Gotteswirklichkeit weder bestritten noch begründet noch bewiesen noch gestützt werden. Die Naturwissenschaft kann als Naturwissenschaft weder atheistisch noch theistisch noch pantheistisch noch panentheistisch noch deistisch sein. Sie kann mit Blick auf die Gottesfrage allenfalls agnostisch in dem Sinne sein, dass sie dazu steht, nichts über etwas aussagen zu können, was nicht im Bereich ihrer auf weltliche Phänomene bezogenen Forschungsmethoden liegt.

Eine ganz andere Frage ist es, wie der Naturwissenschaften treibende Mensch zur Gottesfrage und zu dem Gedanken von Schöpfung und Schöpfer steht. Davon wird noch zu sprechen sein.

Vom Selbstverständnis des biblischen Schöpfungsglaubens

Unterscheidung von Ausdrucksmitteln und Glaubensinhalt

Geistige Auseinandersetzungen werden nicht in einem geschichtslosen Raum geführt; sie werden in einem Feld unterschiedlicher Positionen ausgetragen. Das eigene Profil lässt sich nur klar darstellen, wenn es zu den konkurrierenden Profilen ins Verhältnis gesetzt wird. Außerdem muss jeder Versuch, das eigene Profil verständlich darzustellen, mit jenen geistigen Ausdrucksmitteln ausgeführt werden, die der jeweiligen Zeit zur Verfügung stehen. Insofern enthält jede Formulierung eines Selbstverständnisses in ihren Ausdrucksmitteln die Spuren jener Zeit in sich, der sie entstammt. Reichliche Anschauung hierfür bieten uns die Lehrformulierungen der Reformation und der Gegenreformation im Konzil von Trient.

Auch der Blick auf die Urgeschichte von Gen 1 hat uns gezeigt, dass es für unser Verständnis dieser Texte wesentlich ist, zwischen den Ausdrucksmitteln und der Botschaft klar zu unterscheiden. Die Ausdrucksmittel dürfen nicht für die Botschaft gehalten werden. So ist das in seinen Vorstellungsformen altorientalische Schöpfungsmodell in Gen 1 nicht Glaubensinhalt, sondern lediglich das Ausdrucksmittel, mit dessen Elementen Israel bezeugt, dass es sich dem einen und einzigen Gott des Himmels und der Erde anvertraut.

Auch die Sprachformen des Glaubens sind Modelle

Seit mehr als drei Jahrhunderten konnten die Christen von der im Protestantismus entstandenen historisch-kritischen

Bibelwissenschaft lernen, dass die biblischen Texte keine zeitlosen göttlichen Wahrheiten verkünden, sondern Gotteswirklichkeit in unterschiedlichen Denkmodellen bezeugen. Seit mehr als 50 Jahren ist nun von der Physik zu lernen, dass wir Wirklichkeit grundsätzlich nicht direkt erfassen, sondern nur in menschliche Denkmodellen fassen können. Diese Einsicht gilt ohne Abstriche auch für Aussagen des Glaubens. Alle unsere Denkmodelle entnehmen wir jenen Anschauungsformen, die wir im Laufe unserer Entwicklung über unsere Wahrnehmung aufgebaut haben. Wir formulieren sie in einer der jeweiligen Perspektive gemäßen Sprache. Die Physik tut das in der Sprache der Mathematik. Religion und christlicher Glaube bringen ihre Perspektive, die Gotteswirklichkeit, in der Sprache der Symbole, Gleichnisse, Mythen und Metaphern zum Ausdruck, und zwar in der Gestalt von Worten, Gesten, Räumen, Gewändern, Tänzen, Musik und Ritualen. Beide haben darauf zu achten, dass sie die Ausdrucksformen, mit denen sie je ihren Aspekt von Wirklichkeit artikulieren, nicht mit dieser Wirklichkeit gleichsetzen.

Die Gefahr, dies zu tun, war bereits den alten Kulturen bewusst. Warnschild und Barriere gegen die Gleichsetzung von Gotteswirklichkeit und Darstellung von Gotteswirklichkeit bildet in Israel das zweite Gebot biblischer Zählung, das Bilderverbot. Es bezieht sich nicht nur auf geschnitzte, gegossene oder in Stein gehauene Gottesbilder, sondern auf alle Arten von Bildern, die sich Menschen in ihrer Vorstellung von Gott machen können. Die christliche Kirche hat ein wichtiges Kontrollinstrument aus der Hand gegeben, als sie das Bilderverbot aus dem Dekalog (Katalog der Zehn Gebote) ihrer Katechismen entfernte. Die volkskirchliche Praxis fiel bereits im frühen Mittelalter in heidnischen Bilderkult zurück. In der Theologie verschmolzen die Ausdrucksformen für das Göttliche mit dem Göttlichen und die nicht verfügbare Gotteswirklichkeit wurde zum definierbaren, verfügbaren und verwaltbaren Gegenstand.

Die Reformation war ein eruptiver Protest gegen diese Vergegenständlichung des Göttlichen. Der reformierte Zweig der Reformation hat das biblische Bilderverbot als Warntafel in den Dekalog des Heidelberger Katechismus wieder zurückgeholt.

Schöpfung als Chiffre

Sobald klar ist, dass die Bibel und der Glaube kein naturkundliches Sonderwissen haben und keinerlei Sachbeiträge zu naturkundlichen Fragen nach der Entstehung des Universums leisten können, wird die Sicht für jene Wirklichkeitsebene wieder frei, auf die sich der Schöpfungsglaube bezieht. In Gen 1 und 2 wurden in den Erzählungen von der Entstehung des Universums und des Menschen die Fragen verhandelt, wie wir uns als Menschen verstehen können, und zwar in der Schicksalsgemeinschaft mit Pflanzen und Tieren, die in diese Welt eingebunden sind. Die Abhängigkeit von Sonne, Regen, Jahreszeiten, Vegetation und Tieren war den Menschen der Alten Welt viel unmittelbarer bewusst als uns heute, die wir Licht aus der Steckdose, Wasser aus dem Wasserhahn und Lebensmittel aller Art auf dem nächsten Markt holen. Erst Klimaerwärmung, Dürrekatastrophen, Überschwemmungen, Luftverschmutzung und Bodenverseuchung haben uns die schicksalhafte Einbindung in das Weltganze wieder in das Bewusstsein zurückgebracht. Die Umstände, aus denen wir heute nach unserer Rolle im Ganzen fragen, haben sich geändert, aber die Fragen sind inhaltlich die gleichen geblieben.

Wir nehmen uns als Teil eines uns umgreifenden Geschehens wahr. Wir wissen, dass wir unser Leben nicht uns selbst verdanken, sondern einer Unzahl von Umständen, über die wir nicht verfügen. Als einziger Lebensform auf dieser Erde ist uns bewusst, dass wir in diese Welt gekommen sind und dass wir sterben werden. Wir müssen fragen, woher wir gekommen sind und wohin wir einmal gehen werden.

Allein wir Menschen sind in der Lage, in gewissen Grenzen darüber zu entscheiden, was wir tun wollen, tun oder unterlassen sollten. Das stellt uns unausweichlich vor die Frage, wie wir uns verhalten sollen, und zwar gegenüber uns selbst, gegenüber unseren nächsten und fernsten Artgenossen, gegenüber den Tieren und Pflanzen, die unsere Nahrungsgrundlage sind, gegenüber elementaren Lebensgrundlagen wie Wasser, Luft, Böden und Klima. Diese Fragen sind umso wichtiger und dringender geworden, je mehr Macht wir als Menschen gewonnen haben, auf allen Ebenen in die Lebensprozesse einzugreifen, und je mehr die Zukunft des Ganzen von unseren Entscheidungen mit abhängt.

Der Schöpfungsglaube öffnet den Horizont für Fragen, vor denen jeder Mensch steht, wie immer er sich die Entstehung des Universums auch vorstellen mag, ob er an Gott glaubt oder nicht, ob er von Schöpfung und Schöpfer spricht oder nicht. Die Frage lautet: Wie verantworte ich an meinem Ort und als Teil des Ganzen mit der Freiheit meines Handelns und mit dem Einfluss, den ich auf das Ganze habe, mein konkretes Handeln und nach welchen Maßstäben soll ich mein Handeln ausrichten? Die persönliche Frage weitet sich sofort zur Frage nach meinem beruflichen, gesellschaftlichen und politischen Verhalten.

Man mag diese Fragen religiös nennen. Man muss sie nicht so nennen. Sie liegen jedenfalls jenseits der Alternative von Glauben und Atheismus. Niemand, der sich seines Menschseins bewusst ist, kann sich aus der Frage nach der Verantwortung für sein Tun selbst entlassen, weder im privaten noch im beruflichen noch im gesellschaftlichen Verhalten. Die Fragen, ob ich zum Einkaufsbummel nach Hongkong oder zum Kurzurlaub nach Indonesien fliege, ob ich mir einen 320 PS Geländewagen für meine Fahrten zum Golfplatz kaufe, ob ich mir einen ganzjährig beheizten Swimmingpool im Freien leiste: Dies alles ist letztlich keine Frage meiner Finanzen, sondern meiner persönlichen Verantwortung gegenüber dem Ganzen. Das Stichwort «Schöpfung» stellt nicht nur den Politiker vor die Entscheidung zwischen ökologischer Vernunft, Lobbydruck und Umfragewerten; es stellt nicht nur den Wissenschaftler, Techniker und Manager vor die Frage, ob wir alles wollen und machen sollten, was wir machen könnten.

Der christliche Glaube hat keinen Anlass, sich in die Diskussion darüber einzumischen, wie das Universum entstanden ist. Er hat für diese naturwissenschaftliche Diskussion weder ein eigenes Argument noch eine Antwort. Das Stichwort «Schöpfung» enthält keinen unmittelbaren Beitrag zu Sachthemen der Naturwissenschaft. Das religiöse Wort «Schöpfung» konfrontiert vielmehr mit einer Frage, und zwar nicht nur den Naturwissenschaftler, der sich mit dem Weltganzen beschäftigt, sondern jeden Erdenbürger, weil wir alle durch unser Handeln auf das Ganze einwirken. Der *Schöpfungsglaube* vermittelt kein naturkundliches Faktenwissen; er *ist ein in der Geschichte gebildetes Kürzel und Kennwort, das uns mit unserer Weltverantwortung konfrontiert.*

Die beiden biblischen Schöpfungsgeschichten erinnern uns in ihrer altorientalischen Sprachform daran, dass wir nicht die Herren dieser Welt sind, sondern deren kleine, aber mit Verantwortung begabte Teile. Sie stellen uns vor Augen, dass unsere Rolle nicht darin besteht, den Reichtum dieser Erde für unsere kurzfristigen Interessen zu verbrauchen und ihn für unsere egoistischen Ziele zu zerstören. Gen 2 bringt zum Ausdruck, dass uns diese Welt zu treuen Händen anvertraut ist wie dem Gärtner ein Garten. Diese gemeinsame Aufgabe, nämlich die Bedingungen für das gewordene Leben zu erhalten, bleibt uns, und zwar unabhängig davon, ob wir religiös, Christen, Atheisten oder Agnostiker sind. Der «Ruhetag», wie immer verstanden, wäre das Angebot und der Freiraum, uns darüber auszutauschen. Er ist die Einladung zum Dialog.

Literaturhinweise

Audretsch, J. F. (Hg.): Die andere Hälfte der Wahrheit. Naturwissenschaft, Philosophie, Religion, München 1992

Bohr, N.: Atomphysik und menschliche Erkenntnis, Braunschweig 1985

Blome, H.-J.: Der Urknall. Anfang und Zukunft des Universums, München 2004

Conard, N. J. (Hg): Woher kommt der Mensch? 2. Aufl., Tübingen 2006

Davies, P.: Gott und die moderne Physik, Augsburg 1998

Dawkins, R.: Der Gotteswahn, 2006

DH = Denzinger, H./Hünermann, P. (Hg.): Kompendium der Glaubensbekenntnisse und kirchlichen Lehrentscheidungen, 31. Aufl., Freiburg 1991

Ditfurth, H. von: Der Geist fiel nicht vom Himmel. Die Evolution unseres Bewusstseins, Hamburg 1976

Ditfurth, H. von: Unbegreifliche Realität, Hamburg 1987

Dürr, H.-P. (Hg.): Physik und Transzendenz, München 1990

Dürr, H.-.P./Popp, F. A./Schommers, W.: (Hg.): Elemente des Lebens. Naturwissenschaftliche Zugänge – Philosophische Positionen. Zug/Schweiz 2000

Dürr, H. .P.: Das Netz des Physikers, 2. Aufl., München 2003

Dürr, H.-P.: Auch die Wissenschaft spricht in Gleichnissen. Die neue Beziehung zwischen Religion und Naturwissenschaften, 4. Aufl., Freiburg 2004

Dux, G.: Die Logik der Weltbilder. Sinnstrukturen im Wandel der Geschichte, Frankfurt/Main 1982

Ekschmitt, W.: Weltmodelle. Griechische Weltbilder von Thales bis Ptolemäus, 2. Aufl., Mainz 1990

Fischer, E. P.: Die andere Bildung. Was man von den Naturwissenschaften wissen sollte, 4. Aufl., München 2001

Ferguson, K.: Gott und die Gesetze des Universums, 2. Aufl., München 2001

Gunkel, H.: Genesis, 9. Aufl., Göttingen 1977

Haeckel, E.: Die Welträtsel, (1899), Stuttgart 1984

Hawking, St.: Das Universum in der Nussschale, Hamburg 2001

Heisenberg, W.: Das Naturbild der heutigen Physik, Hamburg 1957

Heisenberg, W.: Physik und Philosophie, Frankfurt/Main 1959

Heisenberg, W.: Der Teil und das Ganze. Gespräche im Umkreis der Atomphysik, 6. Aufl., München 2005

Hemminger, H.: Mit der Bibel gegen die Evolution. Kreationismus und «intelligentes Design» kritisch betrachtet, EZW-Texte Nr. 195/2007

Laszlo, E.: Wissenschaft und Wirklichkeit, Frankfurt/Main 1994

Lauxmann, F.: Die Schöpfung. Philosophische Wege zum Erleben der Welt, München 2004

Lüke, U./Schnakenberg, J./Souvignier, G. (Hg.): Darwin und Gott. Das Verhältnis von Evolution und Religion, Darmstadt 2004

Janich, P.: Was ist Erkenntnis? München 2000

KKK = Katechismus der Katholischen Kirche, München 1993

Klinnert, L. (Hg.): Zufall Mensch? Das Bild des Menschen im Spannungsfeld von Evolution und Schöpfung, Darmstadt 2007

Krohs, U./Toepfer, G. (Hg.): Philosophie der Biologie, Frankfurt/Main 2005

Küng, H.: Der Anfang aller Dinge. Naturwissenschaft und Religion, München 2005

Küppers, B.-O. (Hg.): Die Einheit der Wirklichkeit. Zum Wissenschaftsverständnis der Gegenwart, München 2000

Lyotard, J.-F.: Das postmoderne Wissen, Wien 2005

Maturana, H. R./Varela, F. J.: Der Baum der Erkenntnis, Bern 1987

McGrath, A. E.: Naturwissenschaft und Religion, Freiburg 2001

Mclagan, D.: Schöpfungsmythen, München 1977

Mann, U.: Schöpfungsmythen. Vom Ursprung und Sinn der Welt, Stuttgart 1982

Müller, A. M. K.: Die präparierte Zeit, 2. Aufl., Stuttgart 1973

Müller, A. M. K.: Wende der Wahrnehmung, München 1978

NEWTON, R. G.: Sternstunden der Physik – Wie die Natur funktioniert, Darmstadt 1993

Peters, T./Bennet, G./Seng, K. P.: Brücken bauen: Naturwissenschaft und Religion, Göttingen 2006

Polkinghorne, J.: An Gott glauben im Zeitalter der Naturwissenschaften. Die Theologie eines Physikers, Gütersloh 2000

Polkinghorne, J.: Theologie und Naturwissenschaften, Gütersloh 2001

Popper, K. R.: Logik der Forschung, 1935

Rad, G. von: Das erste Buch Mose, 12. Aufl., Göttingen 1987

Riedl, R.: Biologie der Erkenntnis, 2. Aufl., Berlin/Hamburg 1980

Scheibe, E.: Die Philosophie der Physiker, München 2007

Schrader, Ch.: Darwins Werk und Gottes Beitrag. Evolutionstheorie und Intelligent Design, Stuttgart 2007

Schrödinger, E.: Meine Weltansicht, Frankfurt/Main 1963

Seebass, H.: Genesis I. Urgeschichte (1,1–11,26), 2. Aufl., Neukirchen-Vluyn 2007

Serres, M./Farouki, N. (Hg.): Thesaurus der exakten Wissenschaften, 2. Aufl., Frankfurt/Main 2001

Singh, S.: Big Bang. Der Ursprung des Kosmos und die Erfindung der modernen Naturwissenschaften, München/Wien 2005

Störig, H. J.: Weltgeschichte der Wissenschaft, Bd. 1 und 2, Augsburg 1992

Watzlawick, P.: Wie wirklich ist die Wirklichkeit? München 1976

Watzlawick, P. (Hg.): Die erfundene Wirklichkeit, München 1981

Weizsäcker, C. F. von: Die Einheit der Natur, München 1971

Weizsäcker, C. F. von: Aufbau der Physik, München/Wien, 1985

Westermann, C.: Schöpfung. Was die Naturwissenschaft fragt – was die Bibel antwortet, Freiburg 1983

Westermann, C.: Genesis 1–11, 5. Aufl., Darmstadt 1993

Zeilinger, A.: Einsteins Schleier. Die neue Welt der Quantenphysik, München 2005

Zimmerli, W.: Mose 1–11: Urgeschichte, 4. Aufl., Zürich 1984